# O BEIJO NO ASFALTO

NELSON RODRIGUES

# O BEIJO NO ASFALTO

Tragédia carioca em três atos
1961

7ª edição

EDITORA
NOVA
FRONTEIRA

Editora Nova Fronteira Participações S.A.
Rua Candelária, 60 – 7º andar – Centro – 20091-020
Rio de Janeiro – RJ – Brasil
Tel.: (21) 3882-8200

CIP-BRASIL. CATALOGAÇÃO NA PUBLICAÇÃO
SINDICATO NACIONAL DOS EDITORES DE LIVROS, RJ

---

R614b
7. ed.

Rodrigues, Nelson, 1912-1980
O beijo no asfalto: tragédia carioca em três atos : 1961 / Nelson Rodrigues; posfácio Gustavo Bernardo Krause. – 7. ed. – Rio de Janeiro : Nova Fronteira, 2020.
160p.

ISBN: 978.85.209.4598-8

1. Teatro brasileiro. I. Krause, Gustavo Bernardo. II. Título.

19-54928

CDD: 869.2
CDU: 82-2(81)

# SUMÁRIO

Programa de estreia da peça ........ 9
Personagens ........ 11
Quadros ........ 12
Primeiro ato ........ 15
Segundo ato ........ 53
Terceiro ato ........ 91

*Posfácio* ........ 141
*Sobre o autor* ........ 153
*Créditos das imagens* ........ 157

Programa de estreia de O BEIJO NO ASFALTO[1], apresentada no Teatro Ginástico, Rio de Janeiro, em 7 de julho de 1961.

A SOCIEDADE TEATRO DOS SETE
apresenta

# O BEIJO NO ASFALTO

uma tragédia carioca de Nelson Rodrigues
em três atos e 13 quadros

Elenco por ordem de entrada em cena

| | |
|---|---|
| UMA PROSTITUTA | Marilena de Carvalho |
| O INVESTIGADOR ARUBA | Renato Consorte |
| O REPÓRTER AMADO RIBEIRO | Sérgio Britto |
| UM FOTÓGRAFO | N. N. |
| O DELEGADO CUNHA | Ítalo Rossi |
| APRÍGIO | Mário Lago |
| SELMINHA | Fernanda Montenegro |
| DÁLIA | Suely Franco |

1 A inclusão da personagem "uma prostituta" e a assimilação das falas do personagem Sodré às dos outros "colegas de trabalho" foram artifícios usados pelo diretor na primeira montagem desta peça. (N.E.)

| | |
|---|---|
| COMISSÁRIO BARROS | Labanca |
| ARANDIR | Oswaldo Loureiro |
| D. MATILDE | Zilka Salaberry |
| WERNECK | Francisco Cuoco |
| PIMENTEL | Ivan Ribeiro |
| D. JUDITH | Suzy Arruda |
| A VIÚVA | Carminha Brandão |
| O VIZINHO | Henrique Fernandes |
| | |
| AÇÃO | Rio de Janeiro |

Cenários de *Gianni Ratto*

Direção de *Fernando Torres*

# PERSONAGENS

o investigador Aruba
o repórter Amado Ribeiro
um fotógrafo
o delegado Cunha
Aprígio
Selminha
Dália
comissário Barros
Arandir
d. Matilde
Werneck
Sodré
Pimentel
d. Judith
a viúva
o vizinho

# QUADROS

## 1º ATO

| | |
|---|---|
| 1º QUADRO | *Delegacia — Sala do delegado Cunha* |
| 2º QUADRO | *Casa de Selminha, no Grajaú* |
| 3º QUADRO | *Delegacia — Sala do comissário Barros* |
| 4º QUADRO | *Casa de Selminha— mesmo cenário do 2º quadro* |

## 2º ATO

| | |
|---|---|
| 1º QUADRO | *Casa de Selminha, no Grajaú — mesmo cenário do 1º ato — quadros 2º e 4º* |
| 2º QUADRO | *Escritório da firma onde trabalha Arandir* |
| 3º QUADRO | *Casa de Selminha — mesmo cenário do 1º ato — quadros 2º e 4º — 2º ato — quadro 1º* |
| 4º QUADRO | *Casa de Selminha — Quarto de dormir* |

## 3º ATO

| | |
|---|---|
| 1º QUADRO | *Casa na Boca do Mato* |
| 2º QUADRO | *Casa de Selminha — mesmo cenário do 1º ato — quadros 2º e 4º — 2º ato — quadros 1º e 3º* |
| 3º QUADRO | *Quarto do repórter Amado Ribeiro, de* Última Hora. |
| 4º QUADRO | *Casa de Selminha — mesmo do 1º ato — quadros 2º e 4º — 2º ato — quadros 1º e 3º — 3º ato — quadro 2º* |
| 5º QUADRO | *Quarto de hotel* |

# PRIMEIRO ATO

*(Distrito policial correspondente à Praça da Bandeira. Sala do delegado Cunha. Este, em mangas de camisa, os suspensórios arriados, com um escandaloso revólver na cintura. Entra o detetive Aruba.)*

ARUBA *(sôfrego e exultante)* — O Amado Ribeiro está lá embaixo!
*(Cunha, que estava sentado, dá um pulo. Faz a volta da mesa)*

CUNHA – Lá embaixo?

ARUBA – Com o comissário. Disse que.

CUNHA *(agarrando o detetive)* — Arubinha, olha. Você vai dizer a esse moleque!

ARUBA – Está com fotógrafo e tudo!

CUNHA – Diz a ele, ouviu? Que se ele. Porque ele não me conhece, esse cachorro! *(Amado Ribeiro aparece. Chapéu na cabeça. Tem toda a aparência de um cafajeste dionisíaco)*

AMADO *(abrindo o gesto)* – O famoso Cunha!

CUNHA *(quase chorando de ódio, e, ainda assim, deslumbrado com o descaro do outro)* – Você?

AMADO – Eu.

CUNHA *(furioso)* – Retire-se!

AMADO – Cunha, um momento! Escuta!

CUNHA *(apoplético)* – Saia!

AMADO – Tenho uma bomba pra ti! Uma bomba!

ARUBA *(quer puxar Amado pelo braço)* – Vem, Amado!

AMADO *(desprendendo-se num repelão)* – Tira a mão!

CUNHA *(arquejante de indignação)* – Escuta aqui. Ou será que você. *(fala aos arrancos)* Então, você me espinafra!

AMADO *(com cínico bom humor)* — Ouve, Cunha!

CUNHA – Me espinafra pelo jornal. E ainda tem a coragem!

AMADO – Com licença!

CUNHA *(num berro)* — Não dou licença nenhuma! *(muda de tom)* Estou besta, besta! Com o teu caradurismo! Tem a coragem de pôr os pés no meu gabinete! Eu devia, escuta. Devia, bom! *(quase chorando)* Por tua causa, o chefe me chamou!

AMADO – Cunha, deixe eu falar!

CUNHA – O chefe me disse o que não se diz a um cachorro! Na mesa dele, na mesa, estava a tua reportagem. O recorte da tua reportagem!

AMADO – Cunha, tenho uma bomba!

CUNHA *(sem ouvi-lo)* — De mais a mais, você sabe, Amado. O Aruba também sabe. Aquilo que você escreveu é mentira!

AMADO – Ó Cunha, sossega! O que é que há?

CUNHA *(num crescendo)* – Mentira, sim, senhor! Mentira! Eu não dei um chute na barriga da mulher! Mentira sua! É mentira! Dei um tapa! Um tabefe! Assim. O Aruba viu. Não foi um tapa?

ARUBA *(gravemente)* – Um tapa!

CUNHA *(triunfante)* – Um tapa. Ela abortou, não sei por quê. Azar. Agora o que eu não admito. Não admito, fica sabendo. Que eu seja esculachado, que receba um esculacho por causa de um moleque, de um patife como você! Patife!

AMADO *(com triunfal descaro)* – Eu não me ofendo!

CUNHA *(desesperadocomocinismo)* – Pois se ofenda!

AMADO –Acabou?

CUNHA *(num derradeiro espasmo)* – Amado Ribeiro, escuta. Eu tenho uma filha. Noiva. Uma filha noiva. Agradeça à minha filha, eu não te dar um tiro na cara.

AMADO *(pela primeira vez violento)* — Deixa de ser burro, Cunha! *(Cunha desmorona-se em cima da cadeira. Passa o lenço no suor abundante. Arqueja)*

CUNHA *(ofegante, quase sem voz)* — Suma!

AMADO *(subitamente dono da situação)* — Quem vai sair é o Aruba!

ARUBA *(pulando)* — Você é besta!

CUNHA *(resmungando)* — Não admito...

AMADO *(para o Cunha)* — Manda ele cair fora! *(para o detetive)* Vai, vai! Desinfeta!

ARUBA *(para o cara)* — Quem é você, seu!

CUNHA *(incoerente, berrando)* — Desinfeta!

ARUBA *(desorientado)* — Mas doutor!

CUNHA *(histérico)* — Fora daqui! *(Aruba sai)*

AMADO *(exultante, puxando a cadeira)* — Vamos nós.

CUNHA – Não quero conversa.

AMADO – Senta... *(Cunha obedece, sem consciência da própria docilidade)*

AMADO *(na sua euforia profissional)* — Cunha, escuta. Vi um caso agora. Ali, na Praça da Bandeira. Um caso que. Cunha, ouve. Esse caso pode ser a tua salvação!

CUNHA *(num lamento)* — Estou mais sujo do que pau de galinheiro!

AMADO *(incisivo e jocundo)* — Porque você é uma besta, Cunha. Você é o delegado mais burro do Rio de Janeiro. *(Cunha ergue-se)*

CUNHA *(entre ameaçador e suplicante)* — Não pense que. Você não se ofende, mas eu me ofendo.

AMADO *(jocundo)* — Senta! *(Cunha obedece novamente)*

CUNHA *(com um esgar de choro)* — Te dou um tiro!

AMADO – Você não é de nada. Então, dá. Dá! Quedê?

CUNHA – Qual é o caso?

AMADO – Olha. Agorinha, na Praça da Bandeira. Um rapaz foi atropelado. Estava juntinho de mim. Nessa distância. O fato é que caiu. Vinha um lotação raspando. Rente ao meio-fio. Apanha o cara. Em cheio. Joga longe. Há aquele bafafá. Corre pra cá, pra lá. O sujeito estava lá, estendido, morrendo.

CUNHA *(que parece beber as palavras do repórter)* — E daí?

AMADO *(valorizando o efeito culminante)* — De repente, um outro cara aparece, ajoelha-se no asfalto, ajoelha-se. Apanha a cabeça do atropelado e dá-lhe um beijo na boca.

CUNHA *(confuso e insatisfeito)* — Que mais?

AMADO *(rindo)* — Só.

CUNHA *(desorientado)* — Quer dizer que. Um sujeito beija outro na boca e. Não houve mais nada. Só isso? *(Amado ergue-se. Anda de um lado para outro. Estaca, alarga o peito)*

AMADO – Só isso!

CUNHA – Não entendo.

AMADO (*abrindo os braços para o teto*) — Sujeito burro! (*para o delegado*) Escuta, escuta! Você não quer se limpar? Hein? Não quer se limpar?

CUNHA – Quero!

AMADO – Pois esse caso.

CUNHA – Mas...

AMADO – Não interrompe! Ou você não percebe? Escuta, rapaz! Esse caso pode ser a tua reabilitação e olha: — eu vou vender jornal pra burro!

CUNHA – Mas como reabilitação?

AMADO – Manja. Quando eu vi o rapaz dar o beijo. Homem beijando homem. (*descritivo*) No asfalto. Praça da Bandeira. Gente assim. Me deu um troço, uma ideia genial. De repente. Cunha, vamos sacudir esta cidade! Eu e você, nós dois! Cunha.

CUNHA (*deslumbrado*) — Nós dois? (*Amado dá-lhe nas costas um tapa triunfal. E começa a rir*)

AMADO – Nós dois! Olha: — o rapaz do beijo, sim o que beijou, está aí embaixo, prestando declarações! *(ri mais forte, apontando com o dedo para baixo)* — Embaixo! *(primeiro, ri Amado. Em seguida, Cunha o acompanha. Acaba a cena com a fusão de duas gargalhadas)*

*(Casa de Selminha no Grajaú. Presentes o pai de Selminha, "seu" Aprígio, e a própria moça. Esta é a imagem fina, frágil de uma moça, de uma intensa feminilidade.)*

APRÍGIO – Vim só te dar um recado do teu marido.

SELMINHA – Mas entra, papai, entra.

APRÍGIO – Selminha, escuta. Minha filha, o táxi está esperando.

SELMINHA – Despede o chofer!

APRÍGIO – Escuta!

SELMINHA *(para dentro)* — Dália! Dália! *(para o pai)* Eu fico zangada! *(para dentro)* Dália!

APRÍGIO *(angustiado)* — Outro dia... Prometo. Outro dia.

SELMINHA – Não senhor.

APRÍGIO *(querendo vender rapidamente o seu peixe)* – Teu marido. Escuta. Eu estive com teu marido na Caixa Econômica. Teu marido mandou avisar. *(Dália entra. Adolescente cuja graça leve parece esconder uma alma profunda)*

DÁLIA – Papai.

APRÍGIO – Coração! *(Dália lança-se nos braços do pai)*

SELMINHA – Pensei que Arandir viesse com o senhor!

APRÍGIO *(sem ouvi-la e dirigindo-se à caçula)* – Pálida, minha filha?

DÁLIA – Lavei o rosto!

SELMINHA – Dália quase não come. Belisca.

APRÍGIO – Mas tinha um apetite tão bom!

DÁLIA – Estômago, sei lá!

APRÍGIO – Não abuse, minha filha, não abuse. Olha que a saúde! E não te esqueças – o que resolve é a "Flora Medicinal".

DÁLIA – Não tem perigo!

APRÍGIO – Bem, mas. O que é mesmo que eu estava dizendo? Ah, sim! Teu marido.

SELMINHA –Mas o senhor janta com a gente.

DÁLIA – Janta, sim!

APRÍGIO – Selminha, ó minha filha! Não faz confusão. Seu marido mandou avisar que vem mais tarde, hoje. Mais tarde. Teve que ir ao distrito.

SELMINHA – Distrito?

APRÍGIO – Calma!

DÁLIA – Por quê?

APRÍGIO – Pelo seguinte. Nada demais. Teu marido assistiu um desastre. Quer dizer, assistimos. Eu também. Um desastre horrível, na Praça da Bandeira. Vimos um lotação passar por cima de um sujeito.

SELMINHA – Morreu?

APRÍGIO – O cara?

DÁLIA – Que coisa chata!

APRÍGIO – Na hora. Morreu. Pau pra burro. Mas enfim! É por isso que eu...

| | |
|---|---|
| DÁLIA | – Uns criminosos esses lotações. Andam que! |
| APRÍGIO | – Teu marido foi servir de testemunha. |
| SELMINHA | – Mas papai, olha. Hoje eu fiz. Escuta. Fiz aquele ensopadinho de abóbora. Deixa eu falar. A criada está de folga e eu fui pra cozinha, papai! |
| APRÍGIO | – Hoje, eu não estou me sentindo bem. Sério. Escuta. Vamos fazer o seguinte. |
| SELMINHA | – O senhor é amigo da onça. |
| APRÍGIO | – Um cafezinho, aceito. Café, topo. |
| SELMINHA | – Dália, faz um fresquinho. |
| APRÍGIO | – Mas depressa que o táxi está esperando. |
| SELMINHA | – Depressa! |
| DÁLIA | – Não demora. Um instantinho. *(e então, sozinho com a filha mais velha, Aprígio anda de um lado pra outro e vai falando. Sente-se, em tudo o que começa a dizer, uma certa perplexidade e, mesmo, uma surda irritação)* |

APRÍGIO – Sabe que teu marido ficou tão. E teve um choque! Interessante. Ele correu na frente de...

SELMINHA *(interrompendo com outra irritação)* — Uma coisa, papai. O senhor sabe que, desde o meu namoro, o senhor nunca chamou Arandir pelo nome? Sério! Duvido! Papai! O senhor dizia "seu namorado". Depois: — "seu noivo". Agora é "seu marido" ou, então, "meu genro". Escuta, papai!

APRÍGIO *(meio desconcertado)* — Ora, minha filha, ora!

SELMINHA *(enfática)* — Tenho observado!

APRÍGIO – Você acha então que. Nunca, minha filha! E por quê?

SELMINHA *(triunfante)* — Quer fazer uma aposta? Uma aposta? Quero ver o senhor dizer "Arandir". Diz: — "Arandir". Diz, papai!

APRÍGIO *(realmente confuso)* — Não tem cabimento e olha: — deixa eu contar. Perdi o fio. Ah! Teu marido correu na frente de todo o mundo. Chegou antes dos outros. *(com uma tristeza atônita)* Chegou, ajoelhou-se e fez uma coisa que até agora me impressionou pra burro.

SELMINHA – Mas o que foi que ele fez?

APRÍGIO *(contido na sua cólera)* – Beijou. Beijou o rapaz que estava agonizante. E morreu logo, o rapaz.

SELMINHA *(maravilhada)* – O senhor viu?

APRÍGIO *(sem ouvi-la e com mais vivacidade do que desejaria)* – Você não acha? Não acha que. Eu, por exemplo. Eu não faria isso. Não faria. Nem creio que outro qualquer. Ninguém faria isso. Rezar, está bem, está certo. Mas o que me impressiona, realmente me impressiona. É o beijo.

SELMINHA *(com angústia)* – Mas eu até acho bonito! *(Dália entra)*

DÁLIA – Olha!

SELMINHA – O quê?

DÁLIA – Acabou o café. O pó.

SELMINHA – Mas tinha!

APRÍGIO – Não precisa!

DÁLIA – Eu me esqueci de.

SELMINHA – Pede na vizinha.

APRÍGIO – Escuta.

DÁLIA – Chamei pelo muro, mas não tinha ninguém.

SELMINHA – Dá um pulo.

APRÍGIO – Ouve Selminha. Até é bom. Não estou bem e o café.

SELMINHA *(na sua agonia de dona de casa)* — Mas tinha pó, papai. *(para a irmã, mudando de tom)* Vê lá o fogo. O bolo que eu ia fazer para o senhor. *(Aprígio está de costas para a filha e de frente para a plateia. Dália saiu)*

APRÍGIO *(retomando no ponto interrompido)* — Você acha bonito.

SELMINHA *(com vivacidade)* — Ah, o senhor não conhece Arandir.

APRÍGIO *(com mais vivacidade do que desejaria)* — E você. Conhece? Diga: — conhece seu marido?

SELMINHA – Oh, papai!

APRÍGIO – Conhece?

SELMINHA – Ou o senhor acha que.

APRÍGIO – Responda.

SELMINHA – Evidente.

APRÍGIO – Vem cá. Você tem de casada um ano. Um ano?

SELMINHA – Mas conheço Arandir, desde garotinho!

APRÍGIO *(vivamente)* — Quero saber como marido! *(muda de tom)* De casada, tem um ano, nem isso. Menos. Pois é. Minha filha, é pouco. Isso não é nada. Para um casal, minha filha. Pouquíssimo, um ano ou menos. Mas vamos lá. Você tem mesmo certeza que conhece seu marido?

SELMINHA – Mas absoluta! Eu conheço tanto o Arandir, tanto que. Nem ele me esconde nada. Papai, olha. Confio mais em Arandir que em mim mesma. No duro! E o senhor fala. Engraçado! Fala como se duvidasse, como se.

APRÍGIO *(um pouco vacilante)* — Não é bem assim.

SELMINHA – Papai, eu amo Arandir.

APRÍGIO *(incerto)* — Sei. Acredito. Mas digamos que seu marido. Uma hipótese. Que seu marido não fosse, sim, exatamente, como você pensa. Você gosta de seu marido a ponto de aceitá-lo mesmo que. *(mais incisivo)* Numa palavra: — você é feliz?

SELMINHA – Ou o senhor duvida? Um momento. Quem vai responder. *(grita para dentro)* Dália! Eu sou suspeita! Mas Dália. *(Dália aparece)* Vem cá. Chega aqui.

DÁLIA – Está quase bom.

SELMINHA *(entre parênteses)* — Diminuiu o fogo?

DÁLIA – Diminuí!

SELMINHA *(novamente excitada)* — Papai, hoje! Responde. Eu sou feliz?

DÁLIA *(meio atônita)* — Por quê?

SELMINHA *(para o pai)* — Fala! E olha! Dália veio para cá logo depois da lua de mel. Vive com a gente. Não sai daqui. Fala. Sou feliz?

DÁLIA *(com pé atrás)* — Parece.

SELMINHA *(atônita)* – Parece ou sou?

APRÍGIO *(cruelmente divertido)* – Tenho que ir.

SELMINHA *(vivamente)* – Papai, um momento.

APRÍGIO – Olha o táxi.

SELMINHA *(desesperada, para o velho)* – Papai, faço questão. *(para a irmã)* Escuta. Você respondeu como se...

DÁLIA *(com evidente irritação)* – Feliz. Felicíssima. Pronto.

SELMINHA *(com energia, agarrando-a pelo pulso)* – Vem cá. Diz aquilo. Aquilo que você me disse. Naquele dia. Repete.

DÁLIA – Não aborrece!

SELMINHA – Aquilo, diz!

DÁLIA *(batendo com o pé, numa afetação de infantilidade)* – Você é pau!

SELMINHA *(triunfante)* – Papai, a Dália disse que, se eu morresse. Não foi? Você disse.

DÁLIA – Mentira!

SELMINHA *(radiante)* — Disse que se eu morresse, ela se casaria com o Arandir!

APRÍGIO – Dália, escuta.

DÁLIA – Foi brincadeira minha! Eu estava brincando! Papai, olha!

APRÍGIO *(entre divertido e preocupado)* — Você. Escuta. Você é criança. Nem deve dizer isso. Certas coisas. Sabe como é o mundo.

DÁLIA *(começando a chorar)* — Papai, é mentira de Selminha!

APRÍGIO *(terno)* — E nem chore!

DÁLIA *(para a irmã)* — Você me paga! *(para o pai, com certo fervor e não com sofrimento)* Papai, o que eu disse foi que eu não me casaria nunca porque. *(com mais veemência)* Não quero, nem me interessa.

APRÍGIO – E teu namorado?

DÁLIA – Brigamos.

SELMINHA *(falando quase ao mesmo tempo)* — Essa bobona agora chora por qualquer coisinha!

APRÍGIO (*puxando o relógio*) – Ih, já é tarde!

SELMINHA (*agarrando-o*) – Papai, eu sou a mulher mais feliz do mundo!

*(Luz sobre o distrito policial. Arandir acaba de ser interrogado. Uma figura jovem, de uma sofrida simpatia que faz pensar num coração atormentado e puro. Arandir ergue-se no momento em que aparecem, na sala do comissário, o Cunha e o Amado Ribeiro.)*

ARANDIR – Posso ir?

COMISSÁRIO BARROS – Pode.

ARANDIR (*recuando, com sofrida humildade*) – Então, boa tarde, boa tarde.

CUNHA – Um minutinho.

ARANDIR (*incerto*) – Comigo?

CUNHA – Um momento.

BARROS – Já prestou declarações.

CUNHA (*entre divertido e ameaçador*) – Sei. Agora vai conversar comigo.

ARUBA (*baixo e veemente para Arandir*) – O delegado.

AMADO – Senta.

ARANDIR *(sentindo a pressão de novo ambiente)* — Mas é que eu estou com um pouquinho de pressa. *(Arandir começa a ter medo. Ele próprio não sabe de quê)*

CUNHA *(com o riso ofegante)* — Rapaz, a polícia não tem pressa.

AMADO – Mas senta. *(Arandir olha em torno, como um bicho apavorado. Senta-se, finalmente)*

ARANDIR *(sem ter de quê)* — Obrigado.

BARROS *(baixo e reverente, para o delegado)* — Ele é apenas testemunha.

CUNHA – Não te mete. *(Arandir ergue-se, sôfrego)*

ARANDIR – Posso telefonar?

CUNHA – Mais tarde. *(Amado cutuca o fotógrafo)*

AMADO – Bate agora! *(flash estoura. Arandir toma um choque)*

ARANDIR – Retrato?

AMADO – Nervoso, rapaz? *(Arandir senta-se, une os joelhos)*

ARANDIR – Absolutamente!

CUNHA *(lançando a pergunta como uma chicotada)* – Você é casado, rapaz?

ARANDIR – Não ouvi.

CUNHA *(num berro)* – Tira a cera dos ouvidos!

AMADO *(inclinando-se para o rapaz)* – Casado ou solteiro?

ARANDIR – Casado.

CUNHA – Casado. Muito bem. *(vira-se para Amado, com segunda intenção)* O homem é casado. *(para o Comissário Barros)* Casado.

BARROS – Eu sabia.

ARANDIR *(com sofrida humildade)* – O senhor deixa dar um telefonema rápido para minha mulher?

CUNHA *(rápido e incisivo)* – Gosta de sua mulher, rapaz? *(Arandir, por um momento, acompanha o movimento do fotógrafo que se prepara para bater uma nova fotografia)*

ARANDIR – Naturalmente!

CUNHA *(com agressividade policial)* – E não usa nada no dedo, por quê?

ARANDIR *(atarantado)* – Um dia, no banheiro, caiu. Caiu a aliança. No ralo do banheiro.

AMADO – O que é que você estava fazendo na Praça da Bandeira?

ARANDIR – Bem. Fui lá e...

CUNHA *(num berro)* – Não gagueja, rapaz!

ARANDIR *(falando rápido)* – Fui levar uma joia.

CUNHA *(alto)* – Joia!

ARANDIR – Joia. Aliás, empenhar uma joia na Caixa Econômica. *(Amado e Cunha cruzam as perguntas para confundir e levar Arandir ao desespero)*

AMADO – Casado há quanto tempo?

ARANDIR – Eu?

CUNHA – Gosta de mulher, rapaz?

ARANDIR *(desesperado)* – Quase um ano!

CUNHA *(mais forte)* – Gosta de mulher?

ARANDIR *(quase chorando)* – Casado há um ano. *(Cunha muda de voz, sem transição. Põe a mão no joelho do rapaz)*

CUNHA *(caricioso e ignóbil)* – Escuta. O que significa para ti. Sim, o que significa para "você" uma mulher!?

ARANDIR *(lento e olhando em torno)* – Mas eu estou preso?

CUNHA *(sem ouvi-lo e sempre melífluo)* – Rapaz, escuta! Uma hipótese. Se aparecesse, aqui, agora, uma mulher, uma "boa". Nua. Completamente nua. Qual seria. É uma curiosidade. Seria a tua reação? *(Arandir olha, ora o Cunha, ora o Amado, silêncio)*

AMADO – Com medo, rapaz?

CUNHA – Fala!

AMADO – Não fala? *(Cunha segura o braço de Arandir)*

CUNHA *(falando macio)* – Conta pra mim. Conta. Conta o que você fez na Praça da Bandeira.

ARANDIR *(ainda contido)* – O lotação foi o culpado. *(Cunha ergue-se)*

CUNHA – Um momento!

ARANDIR – Mas doutor! Já estava aberto o sinal amarelo quando o lotação.

CUNHA – Ó rapaz! O lotação não interessa. Compreendeu? Não interessa. O que interessa é você.

BARROS *(com a sua obtusa e generosa falta de tato)* – Quer ver o depoimento do rapaz?

CUNHA *(para o comissário)* – Não dá palpite! *(para Arandir)* O que me põe besta é como você, um sujeito casado. Casado. Tem mulher em casa. Bonitinha talvez.

AMADO – Há quanto tempo você conhecia o cara?

ARANDIR – Que cara?

AMADO – O morto.

ARANDIR – Não conhecia.

CUNHA – Que piada é essa?

AMADO *(para o delegado)* – Cunha, um momento. Um instante. Ó rapaz! Olha pra mim! No local, eu lhe perguntei se você era parente da vítima.

ARANDIR – Não sou.

AMADO – Vamos por partes. Não é parente. Amigo?

ARANDIR – Nada.

AMADO – Mas se conheciam de vista?

ARANDIR – Nem de vista.

CUNHA *(aos berros)* – Nem de vista?

AMADO – Você nunca. Presta atenção. Nunca, em sua vida, você viu o morto?

ARANDIR – Juro! Quer que eu jure? Dou-lhe a minha palavra!

AMADO – Vem cá.

ARANDIR *(desesperado)* – Doutor, eu preciso telefonar pra minha casa!

CUNHA *(exagerando)* – Por essas e outras é que a polícia baixa o pau. E tem que baixar!

AMADO – Cunha, espera! Se você não era nada do cara.

ARANDIR – Nunca vi.

AMADO – Então explica. Como é que você, casado há um ano. Um ano?

ARANDIR – Quase.

AMADO – Praticamente em lua de mel. Em lua de mel! Você larga a sua mulher. E vem beijar outro homem na boca, rapaz!

ARANDIR *(atônito)* — O senhor está pensando que...

AMADO *(exaltadíssimo)* — E você olha. Fazer isso em público! Tinha gente pra burro, lá. Cinco horas da tarde. Praça da Bandeira. Assim de povo. E você dá um show! Uma cidade inteira viu!

CUNHA *(aos berros)* — Você não perdeu. Você jogou fora a aliança!

AMADO *(furioso)* — Escuta! Se um de nós, aqui, fosse atropelado. Se o lotação passasse por cima de um de nós. *(Amado começa a rir com ferocidade)* Um de nós. O delegado. Diz pra mim? Você faria o mesmo? Você beijaria um de nós, rapaz? *(riso abjeto. Arandir tem um repelão selvagem)*

ARANDIR – Era alguém! Alguém! Que morreu! Que eu vi morrer!

*(Trevas na delegacia. Luz na casa de Selminha. Em cena, a sua irmã.)*

SELMINHA – Você entende papai?

DÁLIA – Papai mudou.

SELMINHA – É outra pessoa!

DÁLIA – Com a morte de mamãe, desque mamãe morreu, mudou tanto!

SELMINHA *(com certo desespero)* – Mudou com o meu casamento. Foi o meu casamento. Foi, sim, Dália. Com o meu casamento.

DÁLIA – Sei lá.

SELMINHA – Te digo mais. Às vezes, eu penso. Penso que papai sentiu mais o meu casamento que a morte de mamãe. Ele não vem aqui, nem telefona. Sou eu que telefono. Ou então. Evita Arandir.

DÁLIA – Não gosta de Arandir.

SELMINHA *(febril)* – Como são as coisas! Veja você. Arandir me disse, hoje: "Vou aproveitar o negócio da Caixa Econômica e passo no teu pai. Ele conhece lá um cara. Vamos na Caixa e eu convido teu pai pra jantar." Não adiantou. Adiantou? Pois é. Papai não dá pelota para Arandir. Nem bola!

DÁLIA – Papai me assusta.

SELMINHA – Não gosta de Arandir — por quê?

DÁLIA *(taxativa)* — Ciúmes.

SELMINHA *(virando-se atônita)* — De mim?

DÁLIA – De ti. *(Selminha repete, lentamente, com espanto e uma nascente angústia)*

SELMINHA *(falandoparasimesma)*—Ciúmes de mim?

DÁLIA – Ou você é cega?

SELMINHA *(com frívolo arrebatamento)* – Que bobagem, ciúmes de mim! *(muda de tom e novamente angustiada)* Você acha?

DÁLIA – Acho! Acho! *(Selminha, de, frente para a plateia, costas para a irmã e uma inflexão de sonho)*

SELMINHA *(meio alada)* – Ciúmes de mim. *(Dália vem por trás e fala por cima do ombro da irmã, que permanece de costas para ela)*

DÁLIA *(repetindo)* – De ti. No teu casamento eu pensei tanto na morte de mamãe. Mas no teu casamento quem morria era papai. Na igreja, de braço contigo, papai ia morrendo. Tive a sensação, te juro! de que...

SELMINHA *(num apelo, quase sem voz)* – Não fala assim!

DÁLIA *(com mais veemência)* – E outra vez. Aquele dia!

SELMINHA – Quando?

DÁLIA – No dia em que vim para cá. Vocês tinham chegado da lua de mel. Eu me lembro. Papai me trouxe e até você estava com aquele quimono, aquele, como é?

SELMINHA – O azul?

DÁLIA – Não. Aquele que a vovó te deu. Papai me trouxe. Não queria vir. Insisti. Veio. E chegou aqui, você sentou-se no colo de

Arandir. Se você visse a cara de papai! A cara!

SELMINHA – Não me lembro.

DÁLIA – Cara de ódio! Saiu imediatamente e...

SELMINHA – Você está imaginando! Isso é imaginação! *(com súbita ternura)* Mas eu ainda tenho você e.

DÁLIA – Selminha, amanhã vou-me embora!

SELMINHA – Você?

DÁLIA – Não fico mais aqui.

SELMINHA – Mas escuta. Por quê?

DÁLIA *(sôfrega)* – Olha Arandir! *(Arandir aparece. Vem cansado e febril. Selminha lança-se nos seus braços)*

SELMINHA *(na sua ternura ansiosa)* – Demorou, meu bem!

ARANDIR – A polícia, sabe como é. *(Selminha passa a mão pelo rosto do marido)*

SELMINHA *(amorosa)* – Pálido! *(Selminha tira o lenço do marido e enxuga o rosto)*

ARANDIR – Morto de sede!

SELMINHA *(para a irmã)* – Água!

ARANDIR – Polícia é uma gente que. Dália, meu anjo. Água, sim?

SELMINHA *(para a irmã)* – Gelada.

ARANDIR *(para a cunhada)* – Gelada.

DÁLIA – Está suado.

SELMINHA – Mistura do filtro e gelada. *(Dália sai)* Tira o paletó.

ARANDIR *(tirando o paletó)* – Calor.

SELMINHA – Gravata.

ARANDIR *(tirando a gravata)* – Duas horas lá. *(Dália entra com o copo)*

DÁLIA – Fresquinha. *(Arandir segura o copo com as duas mãos)*

ARANDIR *(antes de beber)* – Água linda! *(Arandir bebe, de uma vez só. Devolvendo o copo)* Você é um anjo!

DÁLIA – Outro?

SELMINHA *(falando ao mesmo tempo)* – Não chama Dália de anjo, que ela vai embora.

ARANDIR – Daqui?

DÁLIA *(doce e firme)* – Amanhã.

ARANDIR *(atônito)* — E vai como? De vez?

SELMINHA – Diz que vai morar com vovó e que. Uma chata!

ARANDIR *(com surdo sofrimento)* — Dália, você tem coragem?

SELMINHA – Um momento. Meu bem, você vai comer alguma coisa.

ARANDIR – Sem fome.

SELMINHA – Uma boquinha você faz?

ARANDIR – Nada. Mais tarde. Depois. Depois eu como. *(Arandir, na sua volubilidade febril, continua)*

ARANDIR – Mas isso é batata?

DÁLIA – Batata!

ARANDIR – Dália, chega aqui. Por quê? De repente e sem motivo? Parece incrível que eu chegue da polícia e a primeira notícia que me dão. É que você vai embora? Escuta. Lá no distrito. *(Arandir anda de um lado para outro)*

SELMINHA – Meu filho, você está cansado.

ARANDIR – Na polícia, ainda agora. Eu me senti, de repente, tão só. Foi uma sensação tremenda. Naquele momento, eu tive

assim uma vontade de gritar:
— Selminha! Dália! *(com desespero estrangulando a voz)* Quase grito, quase! *(mudando de tom)* Cheguei aqui e sei que você vai...

DÁLIA *(com certa violência)* — Você não precisa de mim!

ARANDIR *(olhando ora a mulher ora a cunhada)* — Quem sabe?

DÁLIA *(com falsa e frívola naturalidade)* — Precisa de Selminha.
*(Arandir agarra a mulher, com violência)*

ARANDIR *(estrangulando a voz)* — Responde. Haja o que houver. Você nunca me deixará? Nunca? Não me abandone nunca.

SELMINHA *(angustiada)* — Meu bem. Mas claro. Nunca. Ou você.

DÁLIA – Você viu o rapaz morrer?

ARANDIR *(crispado)* — Quem?

DÁLIA *(sôfrega)* — Era rapaz?

ARANDIR – Meu anjinho, esse assunto. Não interessa. *(com falsa euforia)* — Falemos de outra coisa. Você vai amanhã? É amanhã!? Ótimo! Magnífico! Eu ajudo a fazer as malas! *(muda de tom)* Só não quero que toquem nesse desastre!

DÁLIA – Eu mesma arrumo as malas.

ARANDIR *(incoerente)* — Escuta. Vi o rapaz morrer, sim. Da minha idade, mais ou menos. Selminha, ele estava em cima do meio-fio. Esperando que o sinal abrisse. *(repete)* Em cima do meio-fio. De repente, não sei como foi: — ele perdeu o equilíbrio. Caiu para frente e... Vinha um lotação a toda velocidade. Bateu no rapaz, atirou numa distância como daqui ali.

DÁLIA – Gritou?

ARANDIR – O rapaz?

SELMINHA *(querendo aplacá-lo)* — Meu bem...

ARANDIR – O atropelado não grita. Ou grita? Esse não gritou.

DÁLIA – Era bonito?

ARANDIR *(sem responder)* — O lotação passou por cima. Mas morreu logo. Ainda viveu um minuto, talvez. Ou menos. Um minuto.

SELMINHA – E você que não pode ver sangue.

ARANDIR – Eu corri. Cheguei primeiro que os outros. Me abaixei, peguei a cabeça do rapaz. Gente assim. Peguei a cabeça do rapaz e...

SELMINHA – Beijou. *(Arandir volta-se, com uma certa ira)*

ARANDIR *(agressivo)* – Você também sabe? *(desesperado)* Todo mundo sabe!

SELMINHA – Papai contou.

ARANDIR *(fremente)* – Teu pai. É mesmo! Estava comigo e viu. *(com desespero)* Teu pai disse que eu... *(muda de tom)* Antes de morrer. O rapaz ainda estava vivo. *(incoerente)* O interessante é que na polícia só me falaram nisso!

SELMINHA – Meu bem, agora chega. Descansa um pouco.

ARANDIR *(sem ouvi-la)* – Dália, a polícia pensa. Ainda está pensando. E não se convence, Dália.

Pensa que eu conhecia o rapaz. Tomaram meu nome, endereço. Fui interrogado duas vezes. E vão me chamar outra vez.

DÁLIA – Você conhecia?

ARANDIR – Oh, Dália!

DÁLIA – Nem de vista?

ARANDIR *(na sua cólera, apontando para a cunhada)* — Era assim que a polícia perguntava. Nem de vista, nem de nome? Martelavam. Mas olha! O que foi. O rapaz estava morrendo. Morrendo junto ao meio-fio. Mas ainda teve voz para pedir um beijo. Agonizava pedindo um beijo. Na polícia, o repórter disse que era hora de muito movimento. Toda a cidade estava ali, espiando. E viu quando eu...

**TREVAS**

**FIM DO PRIMEIRO ATO**

# SEGUNDO ATO

*(Casa de Selminha. A pequena, de costas, aparece entretida numa ocupação caseira. Dália, já de saída, surge com uma maleta. Vai deixar a casa.)*

DÁLIA – Estou pronta.

SELMINHA *(com espanto)* — Já vai?

DÁLIA *(que já pousou a mala no chão)* — Diz o número do táxi? *(Selminha está com o quimono por cima da camisola)*

SELMINHA – Escuta, Dália!

DÁLIA *(para si mesma)* — 28-31... Como é, Selminha? 43?

SELMINHA *(ralhando)* — Deixa de ser espírito de porco!

DÁLIA *(com uma afetação de infantilidade, batendo com o pé)* — Meu Deus, como é o número?

SELMINHA *(puxando-a pelo braço)* — Vem cá. Arandir me pediu. Escuta, Dália.

DÁLIA – Ah, bom!

SELMINHA – Antes de sair me pediu e eu prometi.

DÁLIA – Que coisa chata.

SELMINHA – Ouve. Arandir me pediu pra te falar. Dália, escuta. E mandou dizer. Se ele chegar, logo mais, você não estiver aqui, ouve: — ele corta relações contigo.

DÁLIA *(começando)* — Cha...

SELMINHA – Escuta. Dália, escuta. Troca de mal contigo.

DÁLIA – Chama o táxi.

SELMINHA – Você é teimosa!

DÁLIA – Quer chamar o táxi? *(muda de tom)* Selminha, eu disse que ia, vovó está me esperando!

SELMINHA *(numa explosão)* — Então que se dane e... *(d. Matilde entra com um jornal na mão)*

D. MATILDE – Licença?

SELMINHA – Ah, entre, d. Matilde. *(d. Matilde entra e faz um cumprimento apressado)*

D. MATILDE – Bom dia! Bom dia!

DÁLIA *(com frívola desenvoltura)* — Estou de saída!

D. MATILDE *(indicando o jornal)* — Já leu?

SELMINHA – O resultado das misses?

D. MATILDE – Não leu?

SELMINHA *(já com uma curiosidade nova e inquieta)* — Não vi o jornal!

D. MATILDE *(radiante por ser portadora da novidade)* — O retrato do seu marido, d. Selminha!

SELMINHA *(ao mesmo tempo que apanha o jornal)* — Onde?

DÁLIA – De Arandir?

D. MATILDE *(apoplética de satisfação)* — Primeira página!

SELMINHA *(sôfrega)* – É mesmo! *(Dália olhando por cima do ombro da irmã)*

DÁLIA *(no seu espanto)* – *Última Hora*!

D. MATILDE *(eufórica)* – O título!

SELMINHA *(lenta e estupefata)* – O beijo no asfalto! *(muda de tom)* O retrato do atropelado! E aqui o Arandir na delegacia!

D. MATILDE *(melíflua e pérfida)* – Aí diz uns troços que!

DÁLIA – Deixa eu ler!

SELMINHA – Dália, não amola!

DÁLIA – Então lê alto! *(Selminha começa a ler para si, d. Matilde continua na mesma euforia)*

D. MATILDE *(mexericando para Dália)* – Olha, escuta. Tem um repórter na rua.

DÁLIA – Repórter!

D. MATILDE – Com fotógrafo! Entrevistando! Ouviu, d. Selminha?

SELMINHA *(que continua lendo)* – Um momento!

D. MATILDE *(voltando-se para Dália)* – E o repórter está querendo saber se

d. Selminha vive bem com "seu" Arandir. Eu disse: — "vive"!

SELMINHA *(numa explosão)* — Nunca! Nunca!

DÁLIA – Mas que é que diz?

SELMINHA *(desatinada)* — Diz que. Olhe que ele diz. Onde é que está? Aqui, mentira! Tudo mentira!

DÁLIA *(vivamente)* — Dá aqui!

SELMINHA – Ainda não acabei! *(para d. Matilde)* Estou que. Tinindo, d. Matilde, tinindo! Como é que um jornal! *(para Dália)* Diz que o Arandir beijou o rapaz na boca!

D. MATILDE – Esse jornal é muito escandaloso!

SELMINHA *(fora de si)* — Toma! Toma! *(entrega o jornal a Dália)* Não quero ler mais nada! Estou até com nojo! Nojo! *(Dália começa a ler o jornal)*

D. MATILDE – Caso sério!

SELMINHA – Se meu marido, d. Matilde! E na boca! Meu marido nem conhecia! Era um desconhecido, d. Matilde!

D. MATILDE *(pérfida)* – Desconhecido?

SELMINHA – Desconhecido!

D. MATILDE *(melíflua)* – Tem certeza?

SELMINHA – Mas d. Matilde!

D. MATILDE – Claro que! Evidente! Acredito na senhora, nem se discute. Mas interessante, d. Selminha. Sabe que. Pela fotografia do jornal, a fisionomia do rapaz não me parece estranha. *(bruscamente e com vivacidade)* O morto não é um que veio aqui, uma vez?

SELMINHA – Na minha casa?

D. MATILDE – Na sua casa! Aqui!

SELMINHA *(frementе)* – A senhora está me chamando de mentirosa, d. Matilde?

D. MATILDE – Deus me livre! A senhora não entendeu. Eu não ponho em dúvida. Absolutamente. *(repete)* Em absoluto! Não ponho. Mas há uma parte no jornal. A senhora leu tudo?

SELMINHA – Tudo!

D. MATILDE – Leu aquele pedaço no final...

SELMINHA – Tudo!

D. MATILDE – Essa parte acho que a senhora não leu.

SELMINHA – *(fremente)* – Quer me fazer um favor?

D. MATILDE – Eu vou ler para a senhora. Eu leio.

SELMINHA – Por obséquio, d. Matilde.

D. MATILDE – Leio. *(d. Matilde apanha o jornal de Dália)*

DÁLIA – Mas eu estou lendo!

D. MATILDE *(melíflua)* – Dá licença.

DÁLIA *(desabrida)* – Ora, d. Matilde.

D. MATILDE – Um minutinho!

SELMINHA *(na sua obsessão)* – Era um desconhecido! Um desconhecido!

D. MATILDE *(irredutível)* – É essa parte. Aqui. Acho que a senhora não leu!

DÁLIA – Arandir vai lá na redação e quebra a cara do repórter!

SELMINHA *(frenética)* – Não leia nada! Não quero! Não quero, d. Matilde. Não quero ouvir nada.

D. MATILDE *(implacável, nítida, incisiva)* – O jornal diz: *(ergue a voz)* "Não foi o primeiro beijo! *(triunfante)* Nem foi a primeira vez!"

SELMINHA *(atônita)* – Não foi o primeiro beijo! Nem foi a primeira vez?

*(Trevas sobre as três. Luz na firma, onde Arandir trabalha. O rapaz acaba de chegar. É cercado pelos colegas.)*

WERNECK *(com um humor bestial)* – Mas então, seu Arandir! O senhor!

SODRÉ – Você não diz nada pra gente?

ARANDIR *(já inquieto)* – O que é que há?

WERNECK – Você fica viúvo e não avisa, não participa?

ARANDIR – Isola!

PIMENTEL *(batendo-lhe nas costas)* – Nem me convidou!

ARANDIR *(atônito e meio acuado)* – Que piada é essa?

WERNECK – Piada, uma ova! Batata!

SODRÉ – Viúvo, rapaz! *(Werneck com as duas mãos apanha e aperta a de Arandir)*

WERNECK – Meus para-choques!

ARANDIR – Mas qual é a graça? E isso não é brincadeira! *(olhando as caras que o cercam)* Não faz assim que eu não gosto! Werneck, para, sim? Essas brincadeiras comigo! *(Werneck rompe, com uma boçalidade feroz e jocunda)*

WERNECK – Rapaz! A tua viuvez está aqui! Em manchete! *(Werneck sacode o jornal)* Em manchete, rapaz!

ARANDIR *(exasperado)* — Você para ou não para!?

WERNECK *(triunfante)* — Lê! Lê! Beijo no asfalto! Está aqui! Traz no jornal! O título é — "Beijo no asfalto"!

ARANDIR – Que jornal?

WERNECK – Aqui. *(Arandir apanha o jornal)*

ARANDIR *(lendo, estupefato)* — Beijo no asfalto!

WERNECK *(numa euforia brutal)* — Teu retrato! Teu e o do cara.

PIMENTEL (*baixo*) – Fala baixo!

WERNECK (*exultante*) – Viuvez, sim! Perfeitamente, viuvez. (*num repelão furioso contra o companheiro*) Não chateia, Pimentel! (*Arandir, estupefato, lê a matéria. Fala para si mesmo*)

ARANDIR (*com a voz estrangulada*) – Mentira! Mentira!

WERNECK (*apontando*) – Viúvo de atropelado! Ou viúva! Beijou o sujeito na boca. O sujeito morreu. É a viuvez. Batata!

ARANDIR (*para si mesmo, sem nada ouvir*) – Não! Não. (*Arandir lê com exclamações abafadas*)

WERNECK (*para os outros, com uma certeza feroz*) – E o morto vinha aqui! Veio aqui!

ARANDIR (*erguendo a cabeça*) – Quem vinha aqui?

WERNECK – O morto! O atropelado!

ARANDIR (*estupefato*) – Vinha aqui?

WERNECK (*exaltado*) – Falar contigo.

ARANDIR *(com toda a fúria do seu protesto)* — Nunca! Eu não conhecia o cara!

WERNECK *(rindo)* — Não conhecia, seu vigarista! *(muda de tom)* Quer ver? *(precipita-se, aos berros)* D. Judith! D. Judith! *(para Arandir)* Eu provo!

ARANDIR – Era um desconhecido! Desconhecido! Eu, nunca! *(d. Judith aparece. Tipo convencional da datilógrafa. Inclusive os óculos)*

WERNECK – Eu não minto! eu não minto!

ARANDIR *(para os outros)* — Desconhecido!

WERNECK *(sempre esbravejante)* — Quando digo uma coisa, é batata! *(para a datilógrafa)* Ah, d. Judith!

D. JUDITH *(um pouco intimidada)* — Me chamou?

WERNECK – Chega aqui, d. Judith. Vem cá!

ARANDIR – D. Judith, é verdade que.

WERNECK *(para Arandir)* — Um momento! A senhora vai tirar aqui uma dúvida!

ARANDIR *(sôfrego)* — D. Judith...

PIMENTEL – Fala um de cada vez!

WERNECK – D. Judith, o que foi que a senhora me disse. Um momento! Quando a senhora viu o jornal, a senhora não disse. Não disse que. Disse que tinha visto o morto aqui. Fala, d. Judith, pode falar!

D. JUDITH *(crispada de timidez)* — O que eu disse foi...

PIMENTEL – Não tenha medo!

D. JUDITH – Realmente, pela fotografia, parece.

WERNECK – Continua, d. Judith! Parece ou?

D. JUDITH *(em brasas)* — Parece um moço que esteve aqui, na semana passada. Um moço.

WERNECK – Procurando por quem, d. Judith, procurando por quem?

D. JUDITH *(de olhos baixos)* — Seu Arandir!

ARANDIR *(desafinado)* — Procurando por mim? Por mim?

D. JUDITH *(depois de um olhar enviesado)* — O senhor não estava!

ARANDIR *(desesperado, para os outros)* — Mas é mentira! Mentira! Simplesmente, eu nunca vi esse rapaz! Nunca, na minha vida! Juro! Escuta, d. Judith!

D. JUDITH – Com licença! *(d. Judith abandona a cena, meio espavorida, num passinho rápido e muito miúdo)*

WERNECK *(insultante)* — Viúvo!

ARANDIR – Eu não admito. Sou casado e não admito!

WERNECK – Há testemunha! Viram o rapaz aqui! Viram!

ARANDIR *(desatinado)* — Cala a boca!

WERNECK – Quem é você. Você pra me mandar calar a boca?

PIMENTEL – Vamos parar com isso! *(quer segurar Werneck)*

ARANDIR – Ou você para ou eu...

WERNECK – Tira a mão! *(para Arandir)* O que é que você faz?

ARANDIR – Te parto a cara! *(os outros querem separar; Werneck os empurra)*

WERNECK – Então, parte! *(para Pimentel)* Não te mete! *(para Arandir)* Parte a minha cara!

ARANDIR *(estrangulando a voz)* — Não quero!

WERNECK *(num berro)* — Ou tu parte a minha cara ou eu parto a tua!

*(Trevas. Luz sobre a casa de Selminha. Aprígio e a filha. O velho está chegando. Selminha junto do telefone.)*

SELMINHA *(sôfrega)* — Papai, um minutinho.

APRÍGIO – Eu espero!

SELMINHA – Estou falando com Arandir. Foram chamar.

APRÍGIO – Fala, minha filha.

SELMINHA *(desesperada)* — Estão passando trotes para cá! *(muda de tom)* Alô! Alô! Arandir? Sou eu. O telefone está ruim! Ah, sim! Você leu? Hem? Leu! Meu filho, olha: — fala mais devagar. Não ouço nada. Vem pra cá? Vem, sim, vem. Papai chegou agora. Toma um táxi. Um beijinho!

*(Selminha abandona o telefone. Vem sôfrega, para o pai)*

APRÍGIO – Escuta, Selminha.

SELMINHA – Papai, oh, meu Deus! Tenho que deixar o telefone desligado.

APRÍGIO – Trote?

SELMINHA – Trote. Nunca ouvi tanto palavrão na minha vida. Sujeito telefonar, papai. E até mulher! *(voz de menina)* Telefonar para dizer nome feio. Deve ser, aposto. Aposto, papai. Gente da vizinhança! É gente da vizinhança! Tenho certeza!

APRÍGIO – Não liga!

SELMINHA *(sôfrega)* — Comprou o jornal?

APRÍGIO – Comprei. *(Aprígio tira o jornal do bolso)*

SELMINHA – Leu?

APRÍGIO – Li.

SELMINHA *(começando a chorar)* — Papai, olha.

APRÍGIO – Chorando, por quê?

SELMINHA – Tenho que chorar! Estou chorando de raiva! Eu e Dália!

*(mudando de tom)* Dália não vai mais, papai! Não vai mais!

APRÍGIO – Por quê?

SELMINHA – Fica! Leu esse pasquim! Leu e resolveu ficar.

APRÍGIO – Onde está ela?

SELMINHA *(sem responder)* — Como é que um jornal, papai! O senhor que defendia tanto o Samuel Wainer! E como é que um jornal publica tanta mentira!

*(Aprígio anda de um lado para outro. Luta consigo mesmo. Ao ouvir falar em mentira, volta-se para a filha com vivacidade.)*

APRÍGIO – Não é mentira!

SELMINHA – Esse título "Beijo no asfalto"! *(reagindo fora do tempo)* O que foi que o senhor disse? *(atônita)* Não é mentira?

APRÍGIO – Nem tudo!

SELMINHA *(repetindo)* — Não é mentira?

APRÍGIO – Selminha, escuta, escuta, minha filha! Você está nervosa!

SELMINHA *(atônita)* — O senhor quer dizer que isso, isso que o jornal publicou. Esta nojeira! O senhor quer dizer que é verdade?

APRÍGIO – Um momento!

SELMINHA *(fora de si)* — O senhor admite que.

APRÍGIO – Selminha, olha! O repórter, esse Amado Ribeiro, escuta, Selminha. *(incisivo)* — O repórter estava lá! Viu tudo!

SELMINHA *(estupefata)* — Viu o quê?

APRÍGIO – O que se passou.

SELMINHA – Então, o senhor vai me dizer. O senhor vai me dizer o que foi que se passou. Quero saber! Quero!

APRÍGIO *(persuasivo)* — Meu anjo, ontem eu não te contei?

SELMINHA *(furiosa)* — O senhor não me contou nada!

APRÍGIO *(doce, mas firme)* — Contei.

SELMINHA – Papai, pelo amor de Deus, escuta!

APRÍGIO – Selminha...

SELMINHA – Tenho mais confiança em Arandir que em mim mesma. Se tivesse acontecido o que o jornal diz. Um momento, papai. *(com mais violência)* Arandir me contaria. Arandir não me esconde nada. Arandir me conta tudo!

APRÍGIO – Nem tudo.

SELMINHA – Tudo!

APRÍGIO – Ontem, eu perguntei se você conhecia o seu marido.

SELMINHA *(exaltada)* – Mas claro! Ou o senhor se esquece que eu sou a mulher. Que eu. Papai, Arandir não pode nem me trair. Porque viria me contar tudo, tudinho. Outro dia. A fechadura do banheiro estava quebrada. Arandir empurra a porta e vê Dália nua. Sem querer, naturalmente, e nem ele podia imaginar que. Mas compreendeu? Pelada. Completamente! Tinha acabado de tomar banho. Pois Arandir veio, imediatamente, no mesmo minuto. No mesmo minuto, papai. Dizer: — olha, acaba de acontecer isso, assim assim... Eu nem disse nada a Dália, porque ela ia ficar sem jeito. Mas a sinceridade de Arandir! O senhor sabe que eu adorei! Adorei!

APRÍGIO – Posso falar?

SELMINHA *(frenética)* — E o jornal põe que o meu marido beijou outro homem na boca!

APRÍGIO – É verdade!

SELMINHA *(atônita, quase sem voz)* — Arandir me diria...

APRÍGIO *(triunfante)* — Beijou.

SELMINHA *(recuando)* — O senhor não pode dizer isso! Não tem esse direito!

APRÍGIO *(ofegante)* — Eu sou pai!

SELMINHA *(num esgar de choro)* — Não. Não.

APRÍGIO – Eu vi e sou pai. Pai. Vi meu genro. O lotação arrastou o sujeito.

SELMINHA *(feroz)* — Foi o rapaz que. Antes de morrer. O rapaz pedia um beijo.

APRÍGIO (*exultante*) – O sujeito caiu de bruços, rente ao meio-fio. De bruços. Teu marido foi lá e virou o rapaz. E deu o beijo. Na boca.

SELMINHA (*fora de si*) – Meu marido diria. Ele não esconde nada! *(Aprígio segura a filha, pelos dois braços)*

APRÍGIO (*com súbita energia*) – Vem cá. Responde! Você viu o retrato do atropelado? *(suplicante e violento)* Diz! Você o reconheceu? Preciso saber. Olha! Entre as amizades do teu marido. *(mais forte)* Entre as relações masculinas do teu marido, tinha alguém parecido? Alguém parecido com esse retrato? Olha bem!

SELMINHA (*atônita*) – O senhor está insinuando que.

APRÍGIO (*desesperado*) – O morto nunca veio aqui?

SELMINHA – Mas eles não se conheciam? Meu marido, nunca nunca!

APRÍGIO (*violento*) — Escuta! Deixa eu falar, menina! Ontem, eu vim aqui, pessoalmente. Podia ter dado o recado, pelo telefone. Mas vim pra te perguntar se. Selminha, eles se conheciam?

SELMINHA (*espantada e ofegante*) — Mentira!

APRÍGIO (*com violência total*) — Não foi o primeiro beijo! Não foi a primeira vez!

SELMINHA (*na sua cólera*) — Dália tem razão!

APRÍGIO (*sem entender*) — Por que Dália?

SELMINHA – O senhor tem ciúmes de mim.

APRÍGIO (*atônito*) — Eu?

SELMINHA – Odeia Arandir!

APRÍGIO (*desatinado*) — Juro!

SELMINHA – O senhor foi contra meu casamento. Contra!

APRÍGIO (*violento e suplicante*) — Eu sou pai. Pai. Preciso saber se eram amigos e que espécie de amizade!

SELMINHA – O senhor não gosta de ninguém!

APRÍGIO – Sou um velho!

SELMINHA – Nem de mim. O senhor não sabe amar. Escuta, papai!

APRÍGIO – Você não me entende.

SELMINHA – Papai, escuta, papai! *(num rompante histérico)* Deixa eu falar! *(com cruel euforia)* O senhor já amou algum dia? Amou alguém?

APRÍGIO – Amei!

SELMINHA *(num crescendo de fúria exultante)* — Mamãe morreu há tanto tempo e o senhor continua só. Ninguém pode viver sem ninguém. Papai, uma pergunta.

APRÍGIO – Adeus.

SELMINHA – Vem cá, papai!

APRÍGIO – Adeus.

SELMINHA – Não, senhor! O senhor já me ofendeu e tem que me escutar. É só uma pergunta. Eu preciso saber. Está ouvindo? Preciso saber se meu pai é capaz de gostar. *(suplicante)* Neste momento, o senhor gosta de alguém? Ama alguém, papai?

APRÍGIO – Quer mesmo saber?

SELMINHA – Quero!

APRÍGIO *(com o olhar perdido)* — Querida, neste momento, eu... *(esboça uma carícia na cabeça da filha)* eu amo alguém.

*(Treva sobre a cena. Luz no velório do atropelado. Amado Ribeiro, Aruba e a viúva.)*

VIÚVA – Quer falar comigo?

AMADO – A senhora é que é a viúva?

VIÚVA *(chorosa, amarrotando o lenço)* — O senhor é da polícia?

AMADO *(sintético e inapelável)* — Somos da polícia. Mandei chamar a senhora porque é o seguinte.

VIÚVA *(atarantada)* — Mas o enterro já vai sair!

AMADO – Um minutinho!

VIÚVA *(em ânsias, olhando para trás)* — Vão fechar o caixão!

AMADO *(para a viúva)* – Não afoba! O Aruba vai lá! *(para o companheiro)* Aruba, vai lá! E diz para aguentar a mão.

VIÚVA *(sôfrega)* – Avisa. Seu, como é mesmo?

ARUBA – Aruba.

VIÚVA – Seu Aruba, avisa que eu não demoro. Mas pra não deixar sair o enterro.

AMADO – Chispa!

VIÚVA – Um momento! Seu Aruba, o senhor fala com um senhor alto, de espinhas. Um que tem espinhas. Alto. Diz que. É meu cunhado. Diz pra não fechar o caixão. Só com a minha presença. *(sai o Aruba, assoando ligeiramente)* – Pronto.

AMADO *(sucinto e incisivo)* – Minha senhora. Não vamos perder tempo. Tomei informações, a seu respeito. Sei, de fonte limpa. Um momento. Sei de fonte limpa que a senhora tem um amante!

VIÚVA *(sob o impacto brutal)* — Eu?

AMADO *(implacável)* — Tem um amante! Cheio da gaita! Não faça comentários! Nenhum!

VIÚVA – O senhor está me ofendendo!

AMADO – Ofendendo, os colarinhos!

VIÚVA *(entre a indignação e o pânico)* — Mas eu sou uma senhora!

AMADO – Cala a boca! Cala a boca! *(muda de tom)* Escuta. Você tem um amante e com toda a razão. Com toda a razão. Conheço a sua vida, de fio a pavio. A senhora arranjou, cala a boca. Arranjou um cara quando percebeu, entende? Ao perceber que seu marido mantinha relações anormais com outro homem, a senhora. Não é fato?

VIÚVA *(depois de olhar para os lados e já incerta)* — O senhor está falando alto!

AMADO – Você leu o jornal?

VIÚVA – O jornal? Li.

AMADO *(tirando o jornal do bolso)* – Muito bem. Presta atenção. *(à queima-roupa)* Olha bem esse retrato. É o sujeito que beijou o seu marido. A senhora, naturalmente, já viu esse camarada, claro!

VIÚVA *(vacilante)* – Não.

AMADO *(ameaçador)* – Madame. Nunca viu?

VIÚVA – Nunca! *(Aruba aparece)*

ARUBA – Já falei lá.

AMADO *(para a viúva)* – Viu, sim! Viu!

VIÚVA *(em pânico)* – Juro!

AMADO – Você está mentindo! mentindo!

ARUBA *(interferindo)* – Amado, olha. O cadáver.

AMADO – Não ouvi.

ARUBA *(baixo)* – O cadáver.

AMADO – Fala alto!

ARUBA – Devido ao calor, o cadáver. Já tem mau cheiro.

AMADO *(furioso)* – Que se dane. *(para a viúva)* Olha aqui. Ou a senhora diz a verdade. A polícia não tem esse negócio de mulher, não. Mulher apanha também! *(muda de tom)* Sua burra! Põe na tua cabeça o seguinte. Você tem um amante. E por quê, por que tem um amante? Porque seu marido, escuta, escuta! Seu marido mantinha relações anormais. Relações anormais com um cara. Entendeu? *(melífluo)* Seu marido tinha um amigo chamado Arandir; amigo esse que a senhora está reconhecendo pela fotografia.

VIÚVA *(olhando para os lados)* — O senhor fala mais baixo! *(a viúva olha as fotografias. Aparece um vizinho que está fazendo velório)*

VIZINHO – Com licença.

ARUBA – Fala, meu chapa!

VIZINHO *(tímido)* — É que.

AMADO – Desembucha.

VIZINHO – Pode fechar o caixão?

AMADO – Mas oh nossa amizade! Aguenta a mão!

VIZINHO *(para Amado)* – Doutor, o corpo está exalando! *(enfático)* Exalando!

AMADO *(furioso)* – Vamos fazer o seguinte. Olha aqui, nossa amizade! Manda fechar o caixão! Manda fechar! Ordem da polícia! Fecha e toca o bonde! Por minha conta!

ARUBA *(enxotando o vizinho e com total pouco caso)* – Acaba com isso! Acaba com isso!

VIÚVA *(com nostalgia e perplexidade)* – Mas é um morto!

AMADO *(com riso curto e ofegante)* – Morto e te traía não com uma mulher, mas com um cara! Na hora de morrer, ainda levou um chupão!

ARUBA *(alvar)* – Legal!

*(Trevas. Luz no quarto de Arandir e Selminha. Arandir acaba de chegar.)*

SELMINHA – Até que enfim!

ARANDIR – Ah, querida. *(Arandir apanha entre as suas mãos as de Selminha)*

SELMINHA – Por onde você andou?

ARANDIR – Mãos frias!

SELMINHA – Febre!

ARANDIR *(febril também)* — Demorei, porque. Há uma hora que eu rondo a casa. Passei três vezes pelo portão e não entrei, porque. *(com um esgar de medo)* Tinha um cara na esquina.

SELMINHA – Que cara?

ARANDIR *(encerrado no seu medo, sem ouvi-la)* — Olhando pra cá.

SELMINHA *(sôfrega)* — Você fala como se estivesse fugindo, meu bem! *(Arandir estaca. Volta-se vivamente)*

ARANDIR *(com uma falsa alegria, uma falsíssima naturalidade)* — Fugindo, eu? *(riso de angústia)* A troco de quê? Eu não fiz nada. Não sou nenhum criminoso. Eu apenas. *(sem transição, já em tom de lamento)* Telefonei para cá. Sempre ocupado!

SELMINHA *(querendo ser natural)* — O telefone, meu bem. Tive de desligar, claro! Ligavam pra cá e diziam horrores! Ouvi palavrões que eu não conhecia!

ARANDIR – Escuta, Selminha, olha. Se me procurarem. Avisa à Dália e dá ordem à criada. Eu não estou pra ninguém. Pra ninguém.

SELMINHA *(sem ouvi-lo)* — Você leu?

ARANDIR *(desesperado e suplicante)* — Pelo amor de Deus. Escuta. Esse assunto, não!

SELMINHA – Uma pergunta só.

ARANDIR – Não. Selminha, não! Eu não estou em estado, compreende? Eu não estou em estado de.

SELMINHA *(doce, mas irredutível)* — Arandir, olha pra mim, olha.

ARANDIR *(com sofrida docilidade)* — Fala!

SELMINHA – O que o jornal diz. É só isso que eu quero saber. Só isso, meu bem. O que o jornal diz é verdade?

ARANDIR *(dando-lhe as costas)* — Saí do emprego.

SELMINHA – Te despediram?

ARANDIR – Eu me despedi. *(andando de um lado para outro, com uma excitação progressiva)* Hoje, cheguei no emprego. Logo que cheguei, começaram com piadinhas. *(mais exaltado)* — piadinhas. *(subitamente em pânico, pondo-se à escuta)* Parou um automóvel! Na porta! Não parou um automóvel na porta? *(crispando a mão no braço da mulher)* Não está ouvindo?

SELMINHA – Não é aqui!

ARANDIR *(quase sem voz)* — Não é aqui?

SELMINHA *(um pouco contagiada pelo medo)* — No vizinho! *(com súbito desespero, agarrando o marido)* Mas que piadinhas?

ARANDIR *(de costas para a mulher e com a voz nítida e vibrante)* — Eles me chamaram de viúvo!

SELMINHA – De quê?

ARANDIR *(com desesperado cinismo)* – Viúvo! Do rapaz que morreu! Entende? Você acha que depois disso?

SELMINHA *(atônita)* – E você?

ARANDIR – Eu?

SELMINHA *(fora de si)* – Você reagiu?

ARANDIR – Eu não podia! Eu não!

SELMINHA *(furiosa)* – Você devia lhe ter quebrado a cara!

ARANDIR – Até o chefe. Falou comigo, e olhava para mim. Estava espantado. Espantado. Eu tive a impressão. É um bom sujeito. Um homem de bem. Não sei, mas tive a impressão de que tinha nojo de mim, como se eu!

SELMINHA *(segurando-o com energia)* – Arandir!

ARANDIR – Querida!

SELMINHA – Como tua mulher, eu te peço. Você vai lá amanhã e quebra. Quebra mesmo! A cara do sujeito!

ARANDIR – Eu acho, entende? Acho que, nunca mais, em emprego nenhum. Acho que em todos os empregos, os caras vão me olhar como se. As mesmas piadinhas, em toda a parte.

SELMINHA *(frenética)* — Ao menos, responde!

ARANDIR – Senta comigo.

SELMINHA – É verdade quê?

ARANDIR – Um beijo.

SELMINHA *(com surda irritação)* — Primeiro, responde. Preciso saber. O jornal botou que você beijou.

ARANDIR – Pensa em nós.

SELMINHA – Com outra mulher. Eu sou tua mulher. Você beijou na...

ARANDIR *(sôfrego)* — Eu te contei. Propriamente, eu não. Escuta. Quando eu me abaixei. O rapaz me pediu um beijo. Um beijo. Quase sem voz. E passou a mão por trás da minha cabeça, assim. E puxou. E, na agonia, ele me beijou.

SELMINHA – Na boca?

ARANDIR – Já respondi.

SELMINHA *(recuando)* — E por que é que você, ontem!

ARANDIR – Selminha.

SELMINHA *(chorando)* — Não foi assim que você me contou. Discuti com meu pai. Jurei que você não me escondia nada!

ARANDIR – Era alguém! Escuta! Alguém que estava morrendo. Selminha. Querida, olha! *(Arandir agarra a mulher. Procura beijá-la. Selminha foge com o rosto)* Um beijo.

SELMINHA *(debatendo-se)* — Não! *(Selminha desprende-se com violência. Instintivamente, sem consciência do próprio gesto, passa as costas da mão nos lábios, como se os limpasse)*

ARANDIR – Você me nega um beijo?

SELMINHA – Na boca, não!

ARANDIR *(sem se aproximar e estendendo as duas mãos crispadas)* — Coração, olha. No emprego e aqui na rua. Eu sei que aqui na rua. Ninguém acredita em mim. E, hoje, quando eu saí do emprego. Meu bem, escuta. Fiquei andando pela cidade. Tive a impressão de que todo mundo me olhava. No lotação, em todo lugar, eu acho que me reconheciam pelo retrato. Eu saltava de um lotação e apanhava outro. A mesma coisa. Eu então pensei: — "Bem: Mas eu tenho Selminha!" Escuta, Selminha, escuta! Eu quero sentir, saber, entende! Saber que você está comigo, a meu lado! Você é tudo que eu tenho! *(Selminha está chorando com o rosto coberto por uma das mãos)*

SELMINHA *(soluçando)* — Oh, cala a boca!

ARANDIR *(com súbito pânico)* — Barulho. Está ouvindo?

SELMINHA – Nada.

ARANDIR *(recuando)* — Abriram o portão. Alguém entrou.

SELMINHA *(com surda irritação)* – Não é ninguém. *(Dália aparece)*

ARANDIR – Oh, Dália.

DÁLIA *(surpresa para a irmã)* – Chorando por quê?

ARANDIR – Nervosa.

DÁLIA *(para Arandir)* – Eu não vou mais, Arandir. *(para a irmã)* Sua boba! Parece até nem sei! Faz como eu. Olha! Agora mesmo, eu disse à d. Matilde. Ouviu, Arandir? Quando eu vinha voltando da igreja, encontrei a d. Matilde. D. Matilde, essa de. Disse a ela o que não se diz a um cachorro. Quase que. Disse: – Olha! Limpe a boca, limpe a boca. E fique sabendo que meu cunhado é muito mais, mas muito mais homem que seu marido! *(toca a campainha)*

ARANDIR *(sob o impacto)* – Agora estão batendo!

SELMINHA (*também em sobressalto*) – Dália, vai atender, vai. Arandir não está.

DÁLIA – Não está?

ARANDIR – Ninguém, pra ninguém!

SELMINHA – Anda. (*Dália abandona a sala*)

ARANDIR (*sôfrego*) – Diz que me ama!

SELMINHA (*saturada*) – Você sabe.

ARANDIR Mas eu queria que você repetisse. Me ama? Você não é capaz de repetir que me ama? (*entra Dália*)

DÁLIA – Polícia!...

## TREVAS
## FINAL DO SEGUNDO ATO

# TERCEIRO ATO

*(O delegado Cunha e Amado Ribeiro estão na casa de um amigo, em Boca do Mato. Entram o investigador Aruba e Selminha. (Esta vem assustadíssima) Só vê-la, o delegado Cunha, em mangas de camisa, os suspensórios arriados, um vasto revólver na cinta, vem ao seu encontro. Exuberante e sórdida cordialidade de cafajeste.)*

CUNHA – Tenha a bondade, minha senhora! Tenha a bondade!

SELMINHA *(quase chorando)* — O senhor que é o comissário?

CUNHA *(numa mesura subserviente)* — Delegado!

ARUBA – O doutor!

SELMINHA *(frémente)* — Eu fui ameaçada! Ameaçada!

CUNHA – Mas minha senhora!

SELMINHA *(apontando)* — Esse moço me ameaçou!

ARUBA *(numa gesticulação de cafajeste)* — Ela quis botar banca! Não queria vir! Resistiu, já sabe!

SELMINHA *(ora para um, ora para outro)* — Mentira. *(para delegado)* Doutor, eu apenas, olha. Apenas perguntei: — "Pra onde o senhor me leva?"

CUNHA *(com um descaro grandiloquente)* — Aruba! Você maltratou essa senhora, hem, Aruba?

ARUBA – Não!

SELMINHA *(chorando de humilhação)* — Disse que. Disse! Que se eu gritasse, que eu apanhava na boca! E me torceu o braço. *(para investigador)* — torceu!

AMADO *(intervindo pela primeira vez)* — Minha senhora, isso é um cavalo! Uma besta!

ARUBA *(impulsivamente)* — Besta é você!

AMADO – O cara não dá uma dentro!

CUNHA *(aos berros e espetando o dedo na cara do auxiliar)* — Cala a boca! *(muda de tom, para Selminha)* — Infelizmente, minha senhora, a polícia tem elementos que, *(para Aruba, com uma falsa cólera)* Retire-se! *(para Selminha, com humildade)* — Peço-lhe, creia que *(para Aruba)* — Saia!

ARUBA – Mas doutor!

CUNHA – E olha! Vou lhe meter uma suspensão!

ARUBA *(numa confusão total)* — Cumpri ordens!

CUNHA – Eu não admito, entende? Não admito! Cai fora! *(Aruba sai. Cunha volta-se para Selminha. Falsíssima humildade. Selminha olha em torno)*

SELMINHA – Eu reclamei porque *(mais incisiva)* — Isso aqui não é distrito!

AMADO – Calma, d. Selminha!

SELMINHA *(próxima da histeria)* — Isso é uma casa!

CUNHA *(melífluo)* – Exato, exato. Casa. Não nego. Escuta, minha senhora.

SELMINHA – Mas doutor!

AMADO *(apaziguador)* – Um momento!

CUNHA – Pra evitar escândalo. Escuta. Pra evitar escândalo eu preferi que fosse aqui.

SELMINHA *(olhando em torno)* – Aqui onde?

CUNHA *(com um princípio de irritação e já insinuando uma ameaça)* – Aqui, d. Selminha, aqui! Na delegacia, propriamente, não se pode trabalhar. Está assim de repórter, de fotógrafos! Não há mistério, d. Selminha. Estamos em São João de Meriti. Essa casa é de um amigo do Amado Ribeiro. *(voltando-se para o repórter)* Amado Ribeiro, da *Última Hora*!

AMADO *(cínico)* – Prazer.

SELMINHA *(disparando, numa volubilidade febril)* – O senhor é que é Samuel Wainer?

AMADO – Amado Ribeiro.

SELMINHA *(desorientada por um detalhe imprevisto)* — Mas o Samuel Wainer não trabalha na *Última Hora*?

AMADO – Exato.

SELMINHA *(confusa)* — Ah, é. E o Carlos Lacerda na *Tribuna da Imprensa.*

CUNHA *(de sopetão e chocado pela surpresa)* — D. Selminha, onde está seu marido?

SELMINHA *(crispando-se)* — Meu marido?

CUNHA *(mudando de tom e com uma satisfação gratuita, exagerada)* — Não responda já! *(sem transição)* Amado, escuta. *(para Selminha)* Temos um barzinho, ali. A senhora não toma nada? Por exemplo: — não quer tomar um.

SELMINHA – Nada.

AMADO – Nem aguinha?

CUNHA – Apanha lá, Amado.

SELMINHA *(vivamente)* — Não, não! *(sôfrega)* Muito obrigada.

CUNHA (*para Amado*) — Não precisa, Amado. (*para Selminha, novamente melífluo*) Mais calma?

SELMINHA – Sim.

CUNHA (*com um riso surdo*) — Ou tem medo?

SELMINHA (*realmente apavorada*) — Um pouco. (*Cunha faz, ali, um pequeno e divertido escândalo. Estava sentado, ergue-se*)

CUNHA (*com um riso exagerado e bestial*) — Medo de mim? (*abrindo os braços para o repórter*) — Tem medo de mim, Amado! De mim!

AMADO – D. Selminha, com licença!

SELMINHA (*desorientada*) — Não é isso! O senhor não me entendeu. Nervosa!

CUNHA (*rindo ainda, com certa ferocidade*) — Diz pra ela, Amado. Conta! (*andando de um lado para outro e sempre exagerando*) Medo de mim, qual!

AMADO *(incisivo)* – D. Selminha, aqui o Cunha. Ouviu d. Selminha? Está ouvindo? O Cunha não é como os outros!

CUNHA *(andando de um lado para outro, numa agitação jocunda)* – Fala, Amado, fala!

AMADO – Posso falar porque. Tenho metido o pau na polícia. Mas o Cunha é um dos raros. Um dos raros, entende? *(cínico e enfático)* – Humano! *(Cunha vem sentar-se, novamente, com os dois)*

CUNHA – Menina, escuta. Pra mim você é uma menina. Mas escuta.

SELMINHA *(querendo desculpar-se)* – Em absoluto, eu!

CUNHA – E, de mais a mais, eu sou pai. Antes de tudo, sou pai. O Amado sabe. Eu tenho uma filha. Única.

AMADO – Noiva.

CUNHA – Noiva. Vai se casar. E quando eu olho pra você, penso na minha filha. Nunca se sabe o dia de amanhã. Vamos que o meu genro. Essas coisas, sabe como é. Casamento é loteria, mas eu, quero que você, entende? *(para o repórter)* Você não acha, Amado? *(para Selminha novamente)* Quero que você me veja como um pai. Agora responda: — ainda tem medo de mim?

SELMINHA – Não.

AMADO – Natural.

CUNHA *(com um riso surdo e ofegante)* — Podemos conversar?

SELMINHA *(com uma docilidade de menina)* — Podemos.

AMADO *(baixo e persuasivo)* — Pode confiar no Cunha.

CUNHA *(docemente)* — É uma pergunta. Uma perguntinha só. O seguinte.

SELMINHA *(olhando ora um, ora outro)* — Pois não.

CUNHA *(de sopetão e com uma agressividade inesperada)* — Onde está seu marido? *(pausa.*

*Selminha olha um e depois outro)*

SELMINHA *(crispada)* — Não sei.

AMADO *(persuasivo)* — Sabe. D. Selminha.

CUNHA *(já ameaçador)* — Ai o meu cacete! *(mudando de tom)* Menina, eu lhe falo como um pai! Como um pai! E se você!

SELMINHA – Juro! *(Cunha vira-se para Amado. Agarra-o pelos dois braços)*

CUNHA – Oh por que é que eu tenho uma filha! É minha filha que me impede de! *(larga o repórter e volta-se para Selminha)* Menina, pense bem antes de responder!

SELMINHA *(numa espécie de histeria)* — Eu não sei onde está meu marido!

CUNHA – Você está diante da polícia. E olha! Vai dizer a verdade. A verdade! *(muda de tom, novamente caricioso)* Não se engana a polícia!

SELMINHA – Escuta, doutor! Meu marido saiu de casa...

CUNHA *(furioso)* – Seu marido fugiu!

SELMINHA – Fugiu como?

CUNHA – Fugiu, entende? Está fugindo! Fugindo da polícia!

AMADO – Não lhe parece que a fuga é. D. Selminha, escuta. A fuga é a confissão. Confissão!

SELMINHA – Mas meu marido! Afinal de contas!

CUNHA *(apertando a cabeça entre as mãos)* – Não é possível!

SELMINHA *(erguendo-se e com exaltação)* – O senhor está enganado.

CUNHA *(num berro)* – Fugiu!

AMADO *(para o delegado)* – Cunha, calma! *(para Selminha)* Um momento! *(para Cunha)* Calma!

SELMINHA – Fugir por quê, se ele não fez nada? Nem conhecia o morto!

CUNHA *(rápido e agressivo)* – Tem certeza? Note bem: – certeza? *(elevando a voz)* Tem!?

SELMINHA *(afirmativa, embora desconcertada)* — Tenho! *(Cunha tem um lance teatral)*

CUNHA *(exultante)* — Amado, manda entrar a moça! *(para Selminha)* Vou lhe provar que. Ri melhor quem ri por último.

AMADO *(faz um gesto para dentro)* — Pode vir! Vem, vem!

CUNHA *(para a moça que vem entrando)* — Tenha a bondade. *(a viúva do atropelado é moça)* — Aqui é a viúva do rapaz, o atropelado. A viúva. O tal que seu marido beijou. O tal!

AMADO – A senhora vai repetir aqui. *(indica Selminha, sem dizer-lhe o nome)* A senhora conhece o Arandir?

VIÚVA – Conheço.

AMADO *(para Selminha)* — Conhece! *(para a viúva)* E conhece de onde?

VIÚVA – De minha casa.

AMADO – Frequentava a sua casa. Muito bem. *(para Selminha)* Ia lá!

*(para a viúva)* Agora conta aquilo. Aquilo que a senhora me contou. Aquilo, sim!

CUNHA *(para Selminha)* — Presta atenção.

VIÚVA – De fato. Uma vez, ele foi lá em casa. Foi lá em casa e os dois. *(para, em pânico, olhando para o delegado, ora o repórter, ora Selminha)*

AMADO – Os dois. Continue!

VIÚVA *(sôfrega de um jato)* — Os dois tomaram banho juntos.

SELMINHA *(atônita)* — Meu marido?

AMADO *(já despedindo a viúva)* — Madame, muito obrigado. Pode ir.

SELMINHA *(precipitando-se)* — Mas escuta. Vem cá! *(Cunha barra a passagem de Selminha)*

CUNHA – Não, senhora. Quem interroga somos nós! A senhora não se mete!

AMADO *(feroz e exultante)* — D. Selminha, o banho é um detalhe mas que basta! Pra mim basta! O resto a senhora pode deduzir.

SELMINHA *(lenta e estupefata)* — O senhor quer dizer que meu marido!...

AMADO *(forte)* — Exatamente!

CUNHA *(também feroz)* — Seu marido, sim! Seu marido! Batata! *(Selminha olha, ora um, ora outro. Está lívida de espanto)*

AMADO *(ofegante)* — Ou a senhora prefere que eu fale português claro?

SELMINHA *(que se crispa para uma crise de histeria)* — Prefiro. Fale, sim! Fale português claro!

AMADO – Bem. É o seguinte.

CUNHA *(bestial)* — Escracha! Escracha que eu já estou de saco cheio!

AMADO – A polícia sabe que havia. Havia entre seu marido e a vítima uma relação íntima.

SELMINHA *(no seu espanto)* — Relação íntima?

AMADO – Uma intimidade, compreendeu? Um tipo de intimidade que não pode existir entre homens. Um instante, Cunha. A viúva já desconfiava. O negócio do banheiro, entende? E quando leu o beijo no asfalto, viu que era batata. Basta dizer o seguinte: — ela. Sim, a viúva! *(triunfante)* não foi ao cemitério!

CUNHA *(com uma satisfação bestial)* — Menina, olha. Está na cara que seu marido não é homem. *(Selminha vira-se com súbita agressividade)*

SELMINHA – Eu estou grávida!

AMADO – Quem?

SELMINHA *(feroz)* — Eu! É homem! Eu estou grávida! *(para um e outro)* E outra coisa. Agora vocês vão me ouvir. Vão me ouvir. O meu marido foi à Caixa Econômica. Um momento! Foi lá pôr uma joia no prego!

CUNHA – Escuta.

AMADO *(para o delegado)* — Deixa ela falar!

SELMINHA – E falo, sim! Foi pôr a joia, sabe pra quê? Por que ele me pediu pra tirar. Tirar o filho. Meu marido acha que a gravidez estraga a lua de mel! Prejudica! E como eu. Eu nunca tive barriga. Seria uma pena que a gravidez. Ele então preferia que mais tarde e já não. Foi na Caixa Econômica apanhar o dinheiro do aborto.

AMADO – Mas e daí?

SELMINHA *(desesperada com a ironia ou incompreensão)* – Ou o senhor não entende quê? Eu conheço muitas que é uma vez por semana, duas e, até, 15 em 15 dias. Mas meu marido todo o dia! Todo o dia! Todo dia! *(num berro selvagem)* Meu marido é homem! Homem! *(Selminha está numa histeria medonha. Soluça. Cunha a segura pelos dois braços e a domina, solidamente)*

CUNHA *(com um riso sórdido)* — Você nunca ouviu falar em gilete? Em barca da cantareira?

SELMINHA *(subitamente hirta)* — O quê?

CUNHA *(num total achincalhe)* — Gilete! Barca da cantareira[2]! *(Selminha desprende-se com violência. Desfigurada pela cólera, esganiça a voz)*

SELMINHA – Seus indecentes! Indecentes! E você! *(marcando o delegado)* Você que é pai! Sua filha é noiva e olha! Tomara que o noivo de sua filha seja tão homem como o meu marido! *(Cunha atira-se contra Selminha)*

CUNHA – Ó sua! Lhe quebro os cornos!

AMADO *(interpondo-se)*—Espera! Calma! *(para Selminha, feroz)* Tira a roupa! Fica nua. Tira tudo!

---

2 Barca da Cantareira: no Rio de Janeiro, antiga gíria chula para o homem que pratica sexo com homens e mulheres. O nome vem da barca que atravessava a Baía de Guanabara, na região conhecida como Cantareira, em que as pessoas e carros entravam por um lado e saíam pelo outro.

*(Trevas. Casa de Selminha. O pai entra. Dália precipita-se.)*

DÁLIA – Oh, papai!

APRÍGIO *(sôfrego)* — Onde está tua irmã?

DÁLIA *(soluçando)* — Presa!

APRÍGIO – Quem?

DÁLIA *(num começo de histeria)* — Presa!

APRÍGIO *(estupefato)* — Prenderam? *(furioso)* Não chora! *(muda de tom)* Fala!

DÁLIA – A polícia esteve aqui!

APRÍGIO *(repetindo)* — Não chora! A polícia?

DÁLIA *(repetindo)* – Esteve aqui e perguntou, primeiro. Primeiro perguntou por Arandir. *(tomando respiração)* Eu disse que Arandir não estava. Então, levaram a Selminha!

APRÍGIO *(agarrando a filha e com energia)* — Pra onde? *(Dália reage como uma menina realmente traumatizada)*

DÁLIA *(numa explosão)* – Sei lá! Papai! Sei lá!

APRÍGIO *(novamente furioso)* — Menina chata! Para de chorar! *(sem transição e desviando a sua fúria)* — E meu genro? Onde é que está o meu genro?

DÁLIA – Papai, quando a polícia chegou! Ouviu, papai?

APRÍGIO *(praguejando sem sentido)* — O cúmulo!

DÁLIA – Arandir escondeu-se no meu quarto!

APRÍGIO – Escondeu-se?

DÁLIA – Escuta, aqui. Ficou lá até que. *(incoerente e com veemência)* Ou o senhor queria que Arandir fosse preso?

APRÍGIO *(furioso)* — Meu genro não pode ser preso, minha filha pode!

DÁLIA *(desorientada)* — Papai, não é isso!

APRÍGIO *(ameaçando não se sabe o que ou a quem)* — Mas olha! Olha!

DÁLIA *(agarrando o velho)* — Papai, escuta!

APRÍGIO *(urrando)* – Onde está o canalha do meu genro?

DÁLIA *(recuando como diante de uma blasfêmia)* – O quê?

APRÍGIO *(mais forte)* – O canalha de meu genro!

DÁLIA *(ressentida)* – Arandir não é canalha.

APRÍGIO *(ofegante e sem completar)* – Você ainda!

DÁLIA – O senhor não! Não pode chamar!

APRÍGIO *(triunfante)* – Chamo! Posso chamar! Perfeitamente! Um canalha que. Se esconde e larga a mulher! Dá o fora, a mulher que se dane! E tudo por quê? Porque esse pulha!

DÁLIA *(quase sem voz)* – Não, papai, não!

APRÍGIO – Esse pulha. Na minha frente. Nem respeitou a minha presença. Na minha frente, sim! Na frente de toda a cidade. Toda a cidade estava lá, vendo, espiando! *(exultante e feroz)* E ele beijou na boca um homem!

Por isso, Selminha. Selminha foi presa!

DÁLIA – Papai, o senhor não entende!

APRÍGIO *(estrebuchando)* – Um genro que! *(Dália atraca-se com o pai)*

DÁLIA *(desesperada)* – Ouve, papai. Arandir explicou!

APRÍGIO *(violento e cortante)* – Mentira!

DÁLIA – Conheço, papai! E Arandir, olha. Se fez isso. Papai, escuta. Fez isso porque. Teve pena! Foi a caridade. Arandir tem um coração, papai!

APRÍGIO *(como se desse cusparada)* – Humilhou a minha filha.

DÁLIA – E o rapaz antes de morrer. Ele não podia recusar. Antes de morrer, o rapaz pediu o beijo. Antes de morrer.

APRÍGIO *(agarra a filha. Está sinistramente divertido)* – Antes de morrer?

DÁLIA – Pediu.

APRÍGIO *(com súbita energia)* – Agora você vai me ouvir.

DÁLIA – Papai, eu!

APRÍGIO *(desesperado)* — Cala a boca! *(muda de tom e falando com súbita ferocidade)* Eu estava junto de meu genro. Quando ele se abaixou, eu estava ao lado. Juntinho, ao lado. E vi e ouvi tudo. *(baixo e violento)* Olha! Ninguém pediu beijo! *(radiante)* O rapaz já estava morto!

DÁLIA *(quase sem voz e num espanto brutal)* — Morto?

APRÍGIO – Morto. Meu genro te contou que. Mentira! O rapaz não disse uma palavra. Estava morto. De olhos abertos e morto.

DÁLIA *(ainda sem voz)* — Não acredito.

APRÍGIO *(exultante)* — Meu genro mentiu pra ti e pra Selminha.

DÁLIA *(cara a cara com o pai)* — Arandir não mente!

APRÍGIO – Beijou porque quis e não era um desconhecido. *(agarra a filha pelos dois braços. Fala cara com cara)* Eram amantes! *(pausa)*

DÁLIA *(sussurrando)* — Não! Não!

APRÍGIO *(triunfal)* — Amantes! *(Dália desprende-se com inesperada violência)*

DÁLIA *(com súbita ferocidade)* — Papai, descobri o seu segredo.

APRÍGIO *(realmente em pânico)* — Que segredo!? *(rápido, segura a filha pelo pulso)*

DÁLIA – Descobri!

APRÍGIO *(desatinado)* — Não tenho segredo nenhum! *(com um esgar de choro)* — Nem admito. Ouviu? Nem admito!

DÁLIA *(cruel e lenta)* — Quer que eu diga?

APRÍGIO *(num berro)* — Cala essa boca! *(muda de tom. Quase sem voz)* Ou, então, diz. Pode dizer. Se você sabe, diz. *(com a voz estrangulada)* Qual é o meu segredo?

DÁLIA *(lenta e má)* — O senhor não gosta de Selminha como pai.

APRÍGIO *(assombrado)* — Como o quê?

DÁLIA *(hirta)* — Gosta como. É amor. Amor de homem por mulher.

*(diante da afirmativa de Dália, o velho tem uma reação que, de momento, o espectador não vai compreender. Essa reação é de uma euforia brusca. Total, sem nenhuma motivação aparente)*

APRÍGIO *(começando a rir)* — Amor de homem por mulher? E é esse o segredo? *(repete, recuando o espanto para a filha)* Meu segredo é esse?

DÁLIA *(esganiçando a voz, num frenético desespero infantil)* — Por isso o senhor odeia Arandir!

APRÍGIO *(na sua euforia)* — Pensei que. *(abrindo o riso)* Mas quem sabe? Talvez você tenha. *(muda de tom, com uma seriedade divertida)* Realmente, quando uma filha se casa, o pai é um pouco traído. Não deixa de ser traído. O sujeito cria a filha para que um miserável venha e. *(muda de tom, novamente, com uma ferocidade jocunda)* Em certo sentido, Selminha cometeu um adultério contra mim! *(numa gargalhada selvagem e canalha, que ninguém entende)* Boa! boa! *(termina a cena com as gargalhadas do pai e os soluços da filha)*

*(Trevas. Luz no quarto de Amado Ribeiro. O repórter está sem paletó com a fralda da camisa para fora das calças. Empunha uma garrafa de cerveja. De vez em quando bebe pelo gargalo com uma sede feliz. O repórter está, na melhor das hipóteses, semibêbado.)*

AMADO – Quem? Quem? Falar comigo? Olha! Manda subir. Sobe, sobe!... *(Aprígio entra)*

AMADO *(incerto)* – O senhor é?

APRÍGIO *(formal)* – O sogro de.

AMADO – O sogro, exatamente. Eu estava reconhecendo. Graças a Deus, sou bom fisionomista.

APRÍGIO *(com uma grave amabilidade)* – Boa noite. *(Amado faz um gesto circular, que abrange todo o quarto)*

AMADO – Desculpe a esculhambação. O quarto está uma bagunça.

APRÍGIO – Absolutamente.

AMADO – Estou safado da vida. Imagine que, a arrumadeira, uma preta gorda. *(baixo e sórdido)* Emprenhou. Ela faz aborto em si mesma. Com talo de mamona. *(com fina malícia)* Não deixa de ser uma solução. *(muda de tom)* Mas parece que, desta vez, houve perfuração. Perfuração. Está morre, não morre. Vai morrer. *(pigarreando e com certo quê de culpado)* Mas olha cá: — eu não tenho nada com o peixe. O filho não é meu! *(muda de tom, um pouco perturbado)* Vamos nós. Qual é o drama?

APRÍGIO – Seu Amado, eu desejava, aliás.

AMADO – É sobre o beijo do asfalto?

APRÍGIO *(incerto)* — Propriamente.

AMADO – Meu amigo, com licença. Um momento. O senhor veio me cantar?

APRÍGIO (*perturbado*) — Mas cavalheiro!

AMADO – Veio me cantar. Um momento. Claro. Veio me cantar. E eu não quero. Em absoluto. Meu amigo, eu sou batata, entende? E não me vendo!

APRÍGIO – O senhor não me entendeu.

AMADO – Sou macaco velho!

APRÍGIO (*sôfrego*) — Queria apenas, entende? Ter uma conversa. Uma conversa, a propósito de...

AMADO – Escuta, nossa amizade, escuta! Fala um de cada vez. Essa conversa, é velha pra chuchu! Mas olha: — dinheiro não me compra.

APRÍGIO (*incisivo*) — Nem eu, ora!

AMADO Com licença. O senhor está aqui por causa de seu genro e de sua filha. Batata! Mas escuta! A única coisa que me compra é mulher! (*faz o adendo rápido e incisivo*) E magra!

APRÍGIO – Seu Amado.

AMADO (*no seu deslumbramento erótico*) — As magras! As

magras. *(retifica)* Sem alusão à sua filha. *(com uma amabilidade obscena de bêbado)* Magrinha, sua filha. *(muda de tom)* Vou lhe contar uma passagem. Eu tive uma dona, uma cara, nem sei que fim levou. *(novamente, exultante)* O corpo de sua filha, direitinho. Sem barriga nenhuma. *(com um riso vil)* Na cama, era bárbara! *(ri)* Subia pelas paredes assim como uma lagartixa profissional! Magrinha, ossuda!

APRÍGIO *(com surda irritação)* — O senhor quer me ouvir?

AMADO – Como é mesmo sua graça?

APRÍGIO – Aprígio.

AMADO – Aprígio, agora é tarde! Tarde!

APRÍGIO – Mas eu ainda não disse nada! Eu queria, justamente.

AMADO – O senhor vai dizer que é mentira. Que é uma mistificação colossal, não sei o que lá. Não adianta. O jornal está rodando. Rodando. Tem uma manchete do tamanho de um bonde. Assim: — "O Beijo no Asfalto foi crime! Crime!"

APRÍGIO *(apavorado)* – Crime?

AMADO – Crime! E eu provo! Quer dizer, sei lá se provo, nem me interessa. Mas a manchete está lá, com todas as letras: — CRIME!

APRÍGIO – Mas eu não entendo!

AMADO *(exultante e feroz)* — Aprígio, você não me compra. Pode me cantar. Me canta! Canta! *(rindo, feliz)* Eu não me vendo! *(muda de tom)* Eu botei que. Presta atenção. O negócio é bem-bolado pra chuchu! Botei que teu genro esbarrou no rapaz. *(triunfante)* Mas não esbarrou! Aí é que está. Não esbarrou. *(lento e taxativo)* Teu genro empurrou o rapaz, o amante, debaixo do lotação. Assassinato. Ou não é? *(maravilhado)* Aprígio, a pederastia faz vender jornal pra burro! Tiramos, hoje, está rodando, trezentos mil exemplares! Crime, batata!

APRÍGIO – Tem certeza?

AMADO – Ou duvida?

APRÍGIO *(mais incisivo)* — Tem certeza?

AMADO *(sórdido)* — São outros quinhentos! Sei lá! Certeza, propriamente. A única coisa que sei é que estou vendendo jornal como água. Pra chuchu.

APRÍGIO *(saturado de tanta miséria)* — Já vou.

AMADO *(fazendo uma insinuação evidente de miserável)* — Vem cá. Escuta aqui. Sabe que. Sinceramente. Se eu fosse você. Um pai. Se tivesse uma filha e minha filha casasse com um cara assim como o. Entende? Palavra de honra! Dava-lhe um tiro na cara!

APRÍGIO – Você quer vender mais jornal?

AMADO *(com a sua seriedade de bêbado)* — Fora de brincadeira. Não é piada. Sério. E olha. A absolvição seria a maior barbada. Nenhum juiz te condenaria, nenhum! *(caricioso)* Escuta, Aprígio. O Arandir não é homem pra. Não é homem pra tua filha. Ela é magra e tão sem. Sem barriga. Um certo histerismo na mulher. E d. Selminha. *(enfático)* Esse cara não aguenta o repuxo com tua filha.

APRÍGIO *(desesperado de ódio)* — Bêbado imundo! *(Aprígio abandona o quarto, como se fugisse. Sempre com a garrafa na mão. Amado avança cambaleante)*

AMADO – Vem cá, seu! Vem cá! *(vendo o outro sumir)* Filho da. *(rindo surdo)* Seu bêbado. Bêbado e pau de arara. *(Amado tem um súbito rompante triunfal)*

AMADO *(num berro)* — Mas parei a cidade! Só se fala do “Beijo no Asfalto”! Eles têm que respeitar! Têm que respeitar! Eu não dou bola! Não dou pelota! *(Amado parte o grito num soluço)*

*(Trevas. Luz na casa de Selminha. Dália vai entrando. Sente-se em tudo o que Selminha diz ou faz, o trauma da polícia. Ela, que está lendo um jornal, ergue-se ao ver Dália.)*

SELMINHA *(sempre em tensão)* — Quem era?

DÁLIA *(sôfrega)* — Arandir!

SELMINHA *(frenética e esganiçando)* — E só telefona agora?

DÁLIA *(querendo acalmá-la)* — Selminha, você está nervosa.

SELMINHA *(anda de um lado para outro numa angústia de insana e na sua cólera)* — Passa uma noite e um dia sem telefonar!

DÁLIA *(gritando também)* — O telefone aqui está desligado!

SELMINHA *(mais contida)* — Fala!

DÁLIA – Arandir telefonou.

SELMINHA *(varada de arrepios)* — Arandir.

DÁLIA – Escuta. Está num hotel.

SELMINHA *(repetindo por um mecanismo de angústia)* — Hotel?

DÁLIA *(sôfrega)* — Mandou dizer que.

SELMINHA *(com brusca irritação)* — Mas que hotel?

DÁLIA – E te espera lá. Disse que.

SELMINHA – Onde?

DÁLIA – O endereço. Eu tomei nota. É no. *(sente-se, pouco a pouco e de uma maneira cada vez mais nítida, que Selminha não quer ir)*

SELMINHA *(para si mesma com voz surda)* — E quer que eu vá lá!

DÁLIA – Arandir pediu. Olha, Selminha, pediu que você fosse imediatamente. Agora. Fosse agora. O endereço. Está escondido num hotel. A rua é.

SELMINHA *(cortando)* — Dália, escuta. É claro que eu. Mas todo o mundo! Todo o mundo acha, tem certeza. Certeza! Que os dois eram amantes!

DÁLIA *(com desprezo)* — É uma gente que nem sei!

SELMINHA *(na sua obsessão)* — Amantes!

DÁLIA – Mas, o Arandir mandou dizer que o hotel. O hotel é pertinho do Largo de São Francisco. Olha. Escolheu, de propósito, está ouvindo, Selminha?

Selminha, ouve, escolheu um hotel ordinário, porque dá menos na vista. Agora vai, Selminha, vai.

SELMINHA – Vou.

DÁLIA *(sôfrega)* — Apanha um táxi. *(Selminha não se mexe)*

SELMINHA *(com súbita revolta)* — E se a polícia me seguir?

DÁLIA *(com irritação)* — Arandir está esperando!

SELMINHA *(com certa malignidade)* — E daí?

DÁLIA – Você é a mulher!

SELMINHA *(gritando)* — Mas se eu for presa. *(desatando a chorar)* Você quer que eu seja presa. *(com desespero)* E que façam outra vez aquilo comigo, outra vez?

DÁLIA *(conciliatória)* — Selminha!

SELMINHA *(trincando os dentes)* — Nunca pensei que. Me puseram nua! Fiquei nua pra dois sujeitos!

DÁLIA – Mas não vá contar isso pra o Arandir!

SELMINHA – E o miserável, o cachorro ainda me disse que me queimava o seio com o cigarro! *(soluçando)* Nua! Nua! *(Dália agarra a irmã pelos dois braços com súbita energia)*

DÁLIA – Você vai?

SELMINHA *(ofegante e caindo em si)* — Vou. Claro que vou. Eu disse que ia e vou. Mas olha. *(muda de tom)* E se ele quiser me beijar?

DÁLIA *(sem entender)* — Ora, Selminha!

SELMINHA *(com angústia)* — Vai me beijar e eu! *(continua sem coerência)* Quando a viúva disse, cara a cara comigo, que tinham tomado banho juntos.

DÁLIA *(com violência)* — Nem se conheciam!

SELMINHA *(sem ouvi-la e só escutando a própria voz interior)* — Uma coisa que me dá vontade de morrer. Como é que um homem pode desejar outro homem. *(veemente e voltando-se para a irmã)* Dália, você entende?

Entende eu? Sei que, agora, quando um homem olhar para o meu marido. Vou desconfiar de qualquer um, Dália! *(com uma brusca irritação)* Aliás, Arandir tem certas coisas. Certas delicadezas! E outra que eu nunca disse a ninguém. Não disse por vergonha. *(com mais veemência)* Mas você sabe que a primeira mulher que Arandir conheceu fui eu. Acho isso tão! Casou-se tão virgem como eu, Dália!

DÁLIA – Arandir só tem você!

SELMINHA *(numa explosão)* — Se eu for, já sei. Ele vai querer beijar. Na certa. Eu não quero um beijo sabendo que. *(hirta de nojo)* O beijo do meu marido ainda tem a saliva de outro homem!

*(Trevas. Quarto de hotel ordinário, onde Arandir está hospedado. Jornais pelo chão. Supõe-se que Dália acaba de chegar. Arandir segura a cunhada pelos dois braços.)*

ARANDIR *(na sua angústia)* – Selminha não veio?

DÁLIA *(sem saber como dar a notícia)* – Arandir, olha.

ARANDIR *(fora de si)* – Não vem?

DÁLIA *(meio atônita e diante do desespero iminente)* – Eu acho que.

ARANDIR *(violentíssimo)* – Minha mulher não vem? Não quer vir? Fala! *(muda de tom)* Olha pra mim. *(com voz súplice, entre o desespero e a esperança)* Ela não vem? Diz pra mim? Não vem?

DÁLIA *(a medo)* – Espera.

ARANDIR *(com violência)* – Dália, eu preciso de minha mulher. Preciso. O jornal me chama de assassino. Assassino, Dália! *(com um esgar de choro)* Você acha que eu sou assassino?

DÁLIA – Arandir, eu só acredito em você.

ARANDIR – Mas eu preciso de Selminha! Vai, Dália e diz à Selminha.

Pede. Traz Selminha. Não tenho ninguém. Estou só.

DÁLIA – E eu?

ARANDIR *(brutal)* — Ninguém! Olha o que o jornal diz. Está aqui. *(Arandir apanha o jornal)*

DÁLIA *(exasperada)* — Joga fora esse jornal! *(Arandir atira fora o jornal)*

ARANDIR – Diz lá que eu empurrei o rapaz. Como se eu. E não entendo a viúva. *(falando para si mesmo)* Será que esbarrei no rapaz? Sem querer, claro. Mas, nem isso. Tenho certeza, Dália. Não toquei no rapaz. *(memorizando para si mesmo)* Uma senhora vinha em sentido contrário. O rapaz estava em cima do meio-fio. Aqui. Eu me desviei da senhora. Mas não cheguei a tocar no rapaz. *(num repente)* Dália, vai chamar Selminha! É minha mulher! Quero Selminha aqui!

DÁLIA *(muito doce)* — Não vem.

ARANDIR *(com um mínimo de voz)* – Quem?

DÁLIA – Selminha.

ARANDIR – Não vem.

DÁLIA *(mais incisiva)* – Arandir, Selminha mandou dizer. Não vem. *(Arandir agarra a cunhada pelos dois braços)*

ARANDIR *(estupefato)* – Nunca mais?

DÁLIA *(com pena e medo)* – Arandir, olha.

ARANDIR *(violento e gritando)* – Responde! *(estrangulando a voz)* Nunca mais?

DÁLIA *(chorando)* – Nunca mais. *(Dália desprende-se. Afasta-se ligeiramente do cunhado)*

ARANDIR *(repetindo para si mesmo)* – Nunca mais. Quer dizer que. Me chamam de assassino e. *(com súbita ira)* Eu sei o que "eles" querem, esses cretinos! *(bate no peito com a mão aberta)* Querem que eu duvide de mim mesmo! Querem que eu duvide de um beijo que. *(baixo e atônito, para a cunhada)* Eu não dormi,

Dália, não dormi. Passei a noite em claro! Vi amanhecer. *(com fundo sentimento)* Só pensando no beijo do asfalto! *(com mais violência)* Perguntei a mim mesmo, a mim, mil vezes: — se entrasse aqui, agora, um homem. Um homem. E. *(numa espécie de uivo)* Não! Nunca! Eu não beijaria na boca um homem que. *(Arandir passa as costas da mão na própria boca, com um nojo feroz)* Eu não beijaria um homem que não estivesse morrendo! Morrendo aos meus pés! Beijei porque! Alguém morria! "Eles" não percebem que alguém morria?

DÁLIA *(muito doce e muito triste)* — Eu vim para.

ARANDIR *(sem ouvi-la)* — Mas eu acredito em mim! *(brutal sem transição)* Por que Selminha não vem?

DÁLIA – Não gosta de você!

ARANDIR *(com uma certeza cândida e fanática)* — Gosta! Ama! *(sôfrego e ingênuo)* É um amor de infância! De infância! Eu era menino, menino. E ela garotinha. Já gostava de mim. E eu dela. Dália, você não entende, ninguém entende. Selminha só teve um namorado, que fui eu. Só, Dália. E eu nunca, nunca. Deus me cegue se. Nunca tive outra namorada. Só gostei de Selminha.

DÁLIA – Selminha não quer mais ser tua mulher!

ARANDIR *(sem entender)* – Não quer?

DÁLIA – Arandir, escuta. Selminha me disse. Ouve, meu bem.

ARANDIR *(estrangulado)* – Selminha tem que!

DÁLIA *(violenta)* – Selminha disse que você e o rapaz eram amantes. Amantes!

ARANDIR *(numa alucinação)* – Dália, faz o seguinte. Olha, o seguinte: – diz a Selminha. *(violento)* Diz que, em toda minha vida, a única coisa que se salva é o beijo no asfalto. Pela primeira vez. Dália, escuta! Pela primeira vez, na vida! Por um momento, eu me senti bom! *(furioso)* Eu me senti quase, nem sei! Escuta, escuta! Quando eu te vi no banheiro, eu não fui bom, entende? Desejei você. Naquele momento, você devia ser a irmã nua. E eu desejei. Saí logo, mas desejei a cunhada. Na Praça da Bandeira, não. Lá, eu fui bom. É lindo! É lindo, eles não entendem. Lindo beijar quem está morrendo! *(grita)* Eu não me arrependo! Eu não me arrependo!

DÁLIA – Selminha te odeia! *(Arandir volta para a cunhada, cambaleante. Passa a mão na boca encharcada)*

ARANDIR *(com voz estrangulada)* — Odeia. *(muda de tom)* Por isso é que recusou. Recusou o meu beijo. Eu quis beijar e ela negou. Negou a boca. Não quis o meu beijo.

DÁLIA – Eu quero!

ARANDIR *(atônito)* – Você?

DÁLIA *(sofrida)* – Selminha não te beija, mas eu.

ARANDIR *(contido)* – Você é uma criança. *(Dália aperta entre as mãos o rosto de Arandir)*

ARANDIR – Dália. *(Dália beija-o, de leve, nos lábios)*

DÁLIA – Te beijei.

ARANDIR *(maravilhado)* – Menina!

DÁLIA *(quase sem voz)* – Agora me beija. Você. Beija.

ARANDIR *(desprende-se com violência)* – Eu amo Selminha!

DÁLIA *(desesperada)* – Eu me ofereço e. Selminha não veio e eu vim.

ARANDIR – Dália, eu mato tua irmã. Amo tanto que. *(muda de tom)* – Eu ia pedir. Pedir à Selminha para morrer comigo.

DÁLIA – Morrer?

ARANDIR *(desesperado)* – Eu e Selminha! Mas ela não veio!

DÁLIA *(agarra o cunhado. Quase boca com boca, sôfrega)* — Eu morreria.

ARANDIR – Comigo?

DÁLIA *(selvagem)* — Contigo! Nós dois! Contigo! Eu te amo!

ARANDIR *(num sopro)* — Morrer.

DÁLIA *(feroz)* — Eu não te julgaria nunca. Eu te perdoaria sempre! Acredito em ti. Só eu acredito em ti.

ARANDIR *(violento)* — Oh, graças! graças!

DÁLIA *(macia, insidiosa, com uma leve, muito leve malignidade)* — Diz pra mim. Eu não te julgo. Não te condeno. Responde: — Você o amava?

ARANDIR *(atônito)* — O quê?

DÁLIA *(numa espécie de histeria)* — Amava o rapaz? Pode dizer. Escuta. Você era amante do rapaz? Do atropelado?

ARANDIR *(recuando)* — Amante?

DÁLIA – Querido! Pode dizer a mim. A mim, pode dizer. Confessar.

Escuta, escuta! Meu bem, eu não sou como Selminha. Selminha não compreende, nem aceita. Eu aceito. Tudo! Fala. Eu não mudo. Serei a mesma! Fala! *(Dália quer abraçar-se ao cunhado. Arandir desprende-se com violência)*

ARANDIR *(gritando)* — Você é como os outros. Igual aos outros. Não acredita em mim. Pensa que eu. Saia daqui. *(mais forte num berro de louco)* — Saia! *(Aprígio entra)*

APRÍGIO – Saia, Dália! *(Dália abandona o quarto, correndo, em desespero. Sogro e genro, face a face)* Vim aqui para.

ARANDIR *(para o sogro, quase chorando)* — Está satisfeito?

APRÍGIO – Vim aqui.

ARANDIR *(na sua cólera)* — Está satisfeito? O senhor é um dos responsáveis. Eu acho que é o senhor. O senhor que está por trás...

APRÍGIO – Quem sabe?

ARANDIR – Por trás desse repórter. O senhor teve a coragem, a coragem de. Ou pensa que eu não sei? Selminha me contou. Contou tudo! O senhor fez insinuações. Insinuações! A meu respeito!

APRÍGIO – Você quer me.

ARANDIR *(sem ouvi-lo)* — O senhor fez tudo! Tudo pra me separar de Selminha!

APRÍGIO – Posso falar?

ARANDIR *(erguendo a voz)* — O senhor não queria o nosso casamento!

APRÍGIO *(violento)* — Escuta! Vim aqui saber! Escuta! Você conhecia esse rapaz?

ARANDIR *(desesperado)* — Nunca vi.

APRÍGIO – Era um desconhecido?

ARANDIR – Juro! Por tudo que há de mais! Que nunca, nunca!

APRÍGIO – Mentira!

ARANDIR *(desesperado)* — Vi pela primeira vez!

APRÍGIO – Cínico! *(muda de tom, com uma ferocidade)* Escuta! Você conhecia o rapaz. Conhecia! Eram amantes! E você matou. Empurrou o rapaz!

ARANDIR *(violento)* – Deus sabe!

APRÍGIO – Eu não acredito em você. Ninguém acredita. Os jornais, as rádios! Não há uma pessoa, uma única, em toda a cidade. Ninguém!

ARANDIR *(com a voz estrangulada)* – Ninguém acredita, mas eu! Eu acredito, acredito em mim!

APRÍGIO – Você, olha!

ARANDIR – Selminha há de acreditar!

APRÍGIO *(fora de si)* – Cala a boca! *(muda de tom)* Eu te perdoaria tudo! Eu perdoaria o casamento. Escuta! Ainda agora, eu estava na porta ouvindo. Ouvi tudo. Você tentando seduzir a minha filha menor!

ARANDIR – Nunca!

APRÍGIO – Mas eu perdoaria, ainda. Eu perdoaria que você fosse espiar o banho da cunhada. Você quis ver a cunhada nua.

ARANDIR – Mentira!

APRÍGIO *(ofegante)* — Eu perdoaria tudo. *(mais violento)* Só não perdoo o beijo no asfalto. Só não perdoo o beijo que você deu na boca de um homem!

ARANDIR *(para si mesmo)* — Selminha!

APRÍGIO *(muda de tom, suplicante)* — Pela última vez, diz! Eu preciso saber! Quero a verdade! A verdade! Vocês eram amantes? *(sem esperar a resposta, furioso)* Mas não responda. Eu não acredito. Nunca, nunca, eu acreditarei. *(numa espécie de uivo)* Ninguém acredita!

ARANDIR – Vou buscar minha mulher. *(Aprígio recua, puxando o revólver)*

APRÍGIO *(apontando)* — Não se mexa! Fique onde está!

ARANDIR *(atônito)* — O senhor vai.

APRÍGIO – Você era o único homem que não podia casar com a minha filha! O único!

ARANDIR *(atônito e quase sem voz)* – O senhor me odeia porque. Deseja a própria filha. É paixão. Carne. Tem ciúmes de Selminha.

APRÍGIO *(num berro)* – De você! *(estrangulando a voz)* Não de minha filha. Ciúmes de você. Tenho! Sempre. Desde o teu namoro, que eu não digo o teu nome. Jurei a mim mesmo que só diria teu nome a teu cadáver. Quero que você morra sabendo. O meu ódio é amor. Por que beijaste um homem na boca? Mas eu direi o teu nome. Direi teu nome a teu cadáver. *(Aprígio atira, a primeira vez. Arandir cai de joelhos. Na queda, puxa uma folha de jornal, que estava aberta na cama. Torcendo-se, abre o jornal, como uma espécie de escudo ou de bandeira. Aprígio atira, novamente, varando o papel impresso. Num espasmo de dor, Arandir rasga a folha. E tomba, enrolando-se no jornal. Assim morre)*

APRÍGIO Arandir! *(mais forte)* Arandir! *(um último canto)* Arandir!

*(Cai a luz, em resistência, sobre o cadáver de Arandir. Trevas.)*

## FIM DO TERCEIRO E ÚLTIMO ATO

# POSFÁCIO

## O BEIJO NO ASFALTO

*Gustavo Bernardo**

A peça *O beijo no asfalto* foi encomendada a Nelson Rodrigues por Fernanda Montenegro. O autor a considerou uma "tragédia carioca", por mesclar o escancarado ambiente suburbano do Rio de Janeiro aos mais universais temas trágicos. Foi encenada pela primeira vez em 1961 — pouco antes da renúncia de Jânio Quadros —, com direção de Fernando Torres e cenários de Gianni Ratto. No elenco, Fernanda Montenegro como Selminha, Oswaldo Loureiro como Arandir, além de Mário Lago, Sérgio Britto, Ítalo Rossi, Zilka Salaberry, Francisco Cuoco e Suely Franco.

---

* Professor associado de teoria da literatura na UERJ e diretor do Departamento de Seleção Acadêmica da mesma instituição. Publicou 11 romances — entre eles, *A filha do escritor* e *Nanook* — e 14 ensaios — como, por exemplo, *A ficção de Deus* e *A lei da metamorfose*. Seus livros receberam alguns prêmios, inclusive o de melhor ensaio literário da Biblioteca Nacional, em 2015, para *A ficção de Deus*.

A peça teve ainda três versões cinematográficas. Flávio Tambellini dirigiu a primeira, em 1964, que contou com as atuações de Reginaldo Faria, Norma Blum, Xandó Batista e Jorge Dória. Bruno Barreto foi o diretor do segundo filme, em 1981, contando com Ney Latorraca, Christiane Torloni, Lídia Brondi, Tarcísio Meira, Daniel Filho e Oswaldo Loureiro, então no papel do delegado Cunha. Em 2018, a versão mais recente chegou às telas, com direção de Murilo Benício e atuações de Lázaro Ramos, Débora Falabella, Luiza Tiso, Stênio Garcia, Otávio Müller, Augusto Madeira e, novamente, Fernanda Montenegro, agora no papel da vizinha, d. Matilde.

A inusitada estrutura dos diálogos vem impactando espectadores e leitores. Quase todas as frases dos personagens são interrompidas por ponto-final, deixando-se incompletas. Para Sábato Magaldi, na introdução ao *Teatro Completo de Nelson Rodrigues*, volume 4, a brusquidão dos pontos-finais cria uma "dinâmica ágil para as réplicas, abrindo para as personagens e o público o campo de infindáveis sugestões". O diálogo sincopado levanta dúvidas a cada fala, porque a própria peça, segundo Hélio Pellegrino, em artigo no mesmo volume, "é a história de uma dúvida, de sua pululação venenosa a partir dos detritos que cada personagem carrega consigo": "Eu sei o que 'eles' querem, esses cretinos. Querem que eu duvide de mim mesmo! Querem que eu duvide de um beijo que. Beijei porque! Alguém morria! 'Eles' não percebem que alguém morria?"

"Eles" queriam que Arandir duvidasse de um beijo que... No texto, a interrupção se dá apenas por um ponto-final. As reticências, na minha frase, esforçam-se por completar o incompleto, apontando, junto com o personagem, para possibilidades quiçá sublimes: Arandir beijou um morto, ou um quase-morto, na boca; Arandir beijou a morte, nossa finitude indesejável, na boca; Arandir beijou a cidade, ou a bandeira da cidade, seu asfalto escuro e sujo, na boca.

No entanto, "eles" — o repórter, o delegado, a vizinha, a família — veem o acontecimento de maneira nada sublime. Amado Ribeiro, o repórter calhorda que cria uma terrível *fake news* antes mesmo que a expressão fosse inventada, tem o mesmo nome de um jornalista que era colega de trabalho do próprio Nelson. Esse jornalista, perguntado se não se ofendera com a peça, teria respondido, triunfante: "Eu sou pior!" O repórter, na vila em que moravam Arandir, sua esposa, Selminha, e sua cunhada, Dália, pergunta a uma vizinha se d. Selminha vivia bem com "seu" Arandir, plantando pela interrogação a dúvida. A vizinha conta para Selminha que respondeu "vive", mas a sequência das falas põe Selminha respondendo "nunca", de modo ambíguo. Seu "nunca" referia-se ao que o jornal contava sobre Arandir, mas a composição do diálogo planta no espectador e no leitor a mesma dúvida: "nunca" viveram bem?

Em crônica de 1968, publicada na coletânea *A cabra vadia: novas confissões*, Nelson Rodrigues comenta, com saudade, seu começo como repórter de polícia: "Nos bons tempos, o repórter de polícia estava a dois passos do patético, a dois passos do sublime." Para ele, o brasileiro é fascinado pelo crime passional: "Cada um de nós se identifica ou com a vítima, ou com o criminoso, ou com ambos." O brasileiro também é fascinado pelo atropelado: há sempre alguém que acende uma vela e a põe ao lado do morto na rua. Sua peça, não por acaso, combina um atropelamento com a possibilidade de um crime passional. Regendo e alterando os fatos, com manchetes de primeira página, encontra-se o repórter de polícia, que é, na imagem do autor, um "canalha que soluça": "Mas parei a cidade! Só se fala do Beijo no Asfalto! Eles têm que respeitar! Têm que respeitar! Eu não dou bola! Não dou pelota! (Amado parte o grito num soluço)"

O jornal vive da notícia, mas só é notícia o que não é comum. Traição, crime e corrupção não deveriam ser comuns, logo, são notícia. Entretanto, a leitura dos jornais mostra como traição, crime e corrupção são comuns demais, revelando-se o rosto subterrâneo e "sub-urbano" do cotidiano. Na peça, a reconstrução cínica da verdade é tal que vários coadjuvantes surgem para confirmar o que o jornal dizia. A vizinha pergunta a Selminha se o atropelado seria realmente um desconhecido: "Pela fotografia do jornal, a fisionomia do rapaz não me parece estranha. O morto não é um que veio aqui, uma vez?" No escritório em que Arandir trabalhava, uma datilógrafa crispada de timidez confirma, ainda que de maneira hesitante, o hipotético vínculo entre o atropelado e o protagonista: "Parece um moço que esteve aqui, na semana passada. Um moço."

Todos acreditam no jornal, livrando seus ombros da responsabilidade. Abdicam de significar o universo que os rodeia, porque há quem faça isso para eles. Não à toa filósofos como Fernando Savater afirmam que a nossa única obrigação moral é a de não sermos imbecis. Ele explica, didático, que a palavra "imbecil" vem do latim *baculus*, que significa "bastão" ou "bengala". O imbecil, portanto, é aquele que precisa de bengala para pensar, ou melhor, para fingir que pensou. O imbecil se permite ser pensado pelos Amados Ribeiros.

Nelson Rodrigues, na já citada coletânea *A cabra vadia: novas confissões*, chama o imbecil de Savater de "o idiota":

> Após milênios de passividade abjeta, o idiota descobriu a própria superioridade numérica. Começaram a aparecer as multidões jamais concebidas. Eram eles, os idiotas. Os melhores se juntavam em pequenas minorias acuadas, batidas, apavoradas. O imbecil, que falava baixinho, ergueu a voz; ele, que apenas fazia filhos, começou a pensar. No presente mundo ninguém faz nada, ninguém é nada, sem o apoio dos cretinos de ambos os sexos. Sem esse apoio, o sujeito não existe, simplesmente não existe. E, para sobreviver, o intelectual, o santo ou he-

> rói precisa imitar o idiota. O próprio líder deixou de ser uma seleção. Hoje, os cretinos preferem a liderança de outro cretino.

Amado Ribeiro, então, seria um líder? Sim, mas no pior sentido do termo. Ele se associa a um delegado corrupto para em seguida se apoiar na força coletiva do próprio meio de comunicação em que trabalha, força esta composta de milhares de fraquezas individuais dos leitores do jornal Última Hora, ansiosos pela curta manchete de primeira página que lhes diga o que pensar e o que repetir. Em *Genealogia da moral,* Friedrich Nietzsche observara que todos os doentios do quilate de Amado (seu nome configurando uma ironia ótima) buscam se organizar em rebanho, na ânsia de se livrar do sentimento de fraqueza: "[...] os fortes buscam necessariamente dissociar-se tanto quanto os fracos buscam associar-se."

O que o jornalista, o delegado, os colegas de trabalho, a família, a cidade do Rio de Janeiro, o que todos queriam de Arandir? Crucificá-lo, talvez, para, ao vê-lo na cruz da primeira página, libertarem-se projetivamente de sabe-se lá quais desejos estranhos e estrangeiros. Além disso, todos desejariam que Arandir abjurasse. O que se exige dele é, primeiro, o reconhecimento da culpa; depois, o arrependimento, o remorso.

Em *Crepúsculo dos ídolos,* Nietzsche novamente se impõe: "Que ninguém atraiçoe covardemente as suas ações!

Que ninguém as abandone atrás de si! — O remorso é obsceno!" O remorso é obsceno porque implica uma tentativa de se negar como aquele que teria agido assim ou assado, portanto, de negar a si mesmo: "Se eu pudesse voltar atrás, faria tudo diferente, ah, não faria aquilo que fiz." O remorso desobriga o arrependido de sua responsabilidade perante os demais e perante a si mesmo, uma vez que se nega ser aquele que foi, o que é impossível. Como conclui Nietzsche, na mesma obra, "[...] o que há é irresponsabilização, se as consequências do que fizemos nos alcançam de qualquer modo, absolutamente indiferentes a que tenhamos melhorado nesse meio-tempo, absolutamente indiferentes às nossas manifestações mais ou menos compungidas de arrependimento".

A exigência nietzschiana nos parece sobre-humana, e o é. De fato, o que o filósofo prega é o ideal do Übermensch, o super-homem ou o *além-do-homem*. O Übermensch se opõe ao *Untermensch*, o *infra-homem* ou o *menos-homem* que, na peça, parece inicialmente representado por Arandir, o protagonista, mas que depois se revela em praticamente todos os demais personagens, em especial no repórter canalha e no delegado covarde. Arandir, submetido à intensa perseguição moral, parece se recusar a enfrentar os acontecimentos. Desde o princípio, ele foge. Entretanto, foge em intensidade, porque o faz assumindo toda a diferença da sua atitude e do que ela passou a representar, em contraponto com a miséria coletiva. Desse modo, ele se torna a figura mais próxima do Übermensch, como mostra a mais bela fala da peça:

> Dália, faz o seguinte. Olha, o seguinte: — diz a Selminha. (*violento*) Diz que, em toda a minha vida, a única coisa que se salva é o beijo no asfalto. Pela primeira vez. Dália, escuta! Pela primeira vez, na vida! Por um momento, eu me senti bom! (*furioso*) Eu me senti quase, nem sei! Escuta, escuta! Quando eu te vi no banheiro, eu não fui bom, entende? Desejei você. Naquele momento, você devia ser a irmã nua. E eu desejei. Saí logo, mas desejei a cunhada. Na Praça da Bandeira, não. Lá, eu fui bom. É lindo! É lindo, eles não entendem. Lindo beijar quem está morrendo! (*grita*) Eu não me arrependo! Eu não me arrependo!

Um solitário código moral se define pela fala alucinada de Arandir. O beijo no asfalto é a única coisa que se salva da sua vida porque é único: não é uma reação, não é uma imitação, é ação tão única que ainda não fora nem permitida nem proibida. Não há lei ou regra que proíba beijar na boca um homem que morre no asfalto, atropelado por um lotação. Todavia, o acontecimento indigna, horroriza, suscita todo tipo de repulsa recalcada. Logo, torna-se imperativo, sob a regência da imprensa e da polícia, conotar o beijo com as marcas associadas da perversão homossexual, da traição conjugal e do crime passional, para que ele possa ser devidamente "compreendido" e, portanto, controlado.

Um código estético também se define pela fala de Arandir. É lindo agir como quem não precisa apenas reagir, como quem não precisa calcular e planejar, como quem toma o outro como fim, e não somente como meio para seus próprios fins. Por isso, Arandir não atende Selminha quando ela lhe pede para reagir e partir a cara do colega de trabalho que o chamara de "viúvo" do homem atropelado. Não atende, porque isso implicaria entrar no jogo em que ele se recusa a entrar. Não atende, porque ele não é o que agride, ele não é aquele que tem medo — se pôde beijar (n)o asfalto.

Arandir é, dos personagens da literatura brasileira, talvez um dos que mais se aproxime tanto do Übermensch de Friedrich Nietzsche quanto do grande homem de Wilhelm Reich:

> O grande homem é aquele que reconhece quando e em que é pequeno. O homem pequeno é aquele que não reconhece a sua pequenez e teme reconhecê-la; que procura mascarar a sua tacanhez e estreiteza de vistas com ilusões de força e grandeza, força e grandeza alheias. Que se orgulha dos seus grandes generais, mas não de si próprio. Que admira as ideias que não teve, mas nunca as que teve.

O homem pequeno, portanto, é o imbecil que enche a boca para chamar de "mito" todos os que o espelham, porque não pensa e tem raiva de quem pensa. Desse modo, a peça caminha ao encontro não do homem imortal, não do semideus que acharam, por equívoco e má-fé, ser o Übermensch de Nietzsche, mas sim "do homem que morre". A chave da peça não se encontra na suposta homossexualidade de Arandir ou nos recalques do repórter e do delegado, mas sim no cadáver atropelado pelo lotação, o avô das atuais vans, antes mesmo de começar o espetáculo. O morto, ou melhor, a morte, é o grande personagem invisível. A Morte é o Grande Monstro de Nelson Rodrigues, porque, para ele, conforme texto publicado no programa de estreia de *Perdoa-me por me traíres*, "a ficção, para ser purificadora, precisa ser atroz. O personagem é vil, para que não o sejamos. Ele realiza a miséria inconfessa de cada um de nós. Para salvar a plateia, é preciso encher o palco de assassinos, de adúlteros, de insanos, em suma, de uma rajada de monstros. São os nossos monstros, dos quais eventualmente nos libertamos, para depois recriá-los".

Chegamos ao final. O crítico Sábato Magaldi, entretanto, não concorda com o final da trama, entendendo-o inverossímil e melodramático. Discordo do grande crítico. Nelson tanto se preocupa com a verossimilhança que faz Arandir cometer o seu "crime" na Praça da Bandeira e se esconder no Largo de São Francisco, pontos da cidade do Rio de Janeiro que até hoje são chamados pelos mesmos nomes.

Ora, a Praça da Bandeira é onde o personagem dá a "bandeira" da sua vida, gerando todo o drama. O Largo de São Francisco mostra-se óbvia alusão metafórica à humildade de São Francisco de Assis, afim à humildade de Arandir. Também me parece intenção nítida do texto jogar-se no campo supostamente menor do melodrama, se Arandir atua o tempo todo como *menos-homem*, fugindo da polícia, da imprensa, dos colegas, da família, para adiante reconquistar, surpreendentemente, a dignidade, o que o aproxima do *além-do-homem*, do Übermensch nietzschiano.

O personagem não perde essa dignidade nem mesmo depois de ser assassinado a tiros pelo sogro, protegendo-se inutilmente com a página de um jornal. Ao contrário, ele a amplia, tornando-se, enfim, o Übermensch nietzschiano, a saber: a melhor metáfora do melhor de nós, brasileiros.

# SOBRE O AUTOR

## NELSON RODRIGUES E O TEATRO

*Flávio Aguiar* *

Nelson Rodrigues nasceu em Recife, em 1912, e morreu no Rio de Janeiro, em 1980. Foi com a família para a então capital federal com sete anos de idade. Ainda adolescente começou a exercer o jornalismo, profissão de seu pai, vivendo em uma cidade que, metáfora do Brasil, crescia e se urbanizava rapidamente. O país deixava de ser predominantemente agrícola e se industrializava de modo vertiginoso em algumas regiões. Os padrões de comportamento mudavam numa velocidade até então desconhecida. O Brasil tornava-se o país do futebol, do jornalismo de massas, e precisava de um novo teatro para espelhá-lo, para além da comédia de

---

* Professor de literatura brasileira da USP. Ganhou o Prêmio Jabuti em 1984, com sua tese de doutorado *A comédia brasileira no teatro de José de Alencar*, e em 2000, com o romance *Anita*. Atualmente coordena um programa de teatro para escolas da periferia de São Paulo, junto à Secretaria Municipal de Cultura.

costumes, dos dramalhões e do alegre teatro musicado que herdara do século XIX.

De certo modo, à parte algumas iniciativas isoladas, foi Nelson Rodrigues quem deu início a esse novo teatro. A representação de *Vestido de noiva*, em 1943, numa montagem dirigida por Ziembinski, diretor polonês refugiado da Segunda Guerra Mundial no Brasil, é considerada o marco zero do nosso modernismo teatral.

Depois da estreia dessa peça, acompanhada pelo autor com apreensão até o final do primeiro ato, seguiram-se outras 16, em trinta anos de produção contínua, até a última, *A serpente*, de 1978. Não poucas vezes teve problemas com a censura, pois suas peças eram consideradas ousadas demais para a época, tanto pela abordagem de temas polêmicos como pelo uso de uma linguagem expressionista que exacerbava imagens e situações extremas.

Além do teatro, Nelson Rodrigues destacou-se no jornalismo como cronista e comentarista esportivo; e também como romancista, escrevendo, sob o pseudônimo de Suzana Flag ou com o próprio nome, obras tidas como sensacionalistas, sendo as mais importantes *Meu destino é pecar*, de 1944, e *Asfalto selvagem*, de 1959.

A produção teatral mais importante de Nelson Rodrigues se situa entre *Vestido de noiva*, de 1943 —, um ano após sua estreia, em 1942, com *A mulher sem pecado* — e 1965, ano da estreia de *Toda nudez será castigada*.

Nesse período, o Brasil saiu da ditadura do Estado Novo, fez uma fugaz experiência democrática de 19 anos e entrou em outro regime autoritário, o da ditadura de 1964. Os Estados Unidos lutaram na Guerra da Coreia e depois entraram na Guerra do Vietnã. Houve uma revolução popular malsucedida na Bolívia, em 1952, e uma vitoriosa em Cuba, em 1959. Em 1954, o presidente Getulio Vargas se suicidou e em 1958 o Brasil ganhou pela primeira vez a Copa do Mundo de futebol. Dois anos depois, Brasília era inaugurada e substituía o eterno Rio de Janeiro de Nelson como capital federal. A bossa nova revolucionou a música brasileira, depois a Tropicália, já a partir de 1966.

Quer dizer: quando Nelson Rodrigues começou sua vida de intelectual e escritor, o Brasil era o país do futuro. Quando chegou ao apogeu de sua criatividade, o futuro chegava de modo vertiginoso, nem sempre do modo desejado. No ano de sua morte, 1980, o futuro era um problema, o que nós, das gerações posteriores, herdamos.

Em sua carreira conheceu de tudo: sucesso imediato, censura, indiferença da crítica, até mesmo vaias, como na estreia de *Perdoa-me por me traíres*, em 1957. A crítica fez aproximações do teatro de Nelson Rodrigues com o teatro norte-americano, sobretudo o de Eugene O'Neill, e com o teatro expressionista alemão, como o de Frank Wedekind. Mas o teatro de Nelson era sempre temperado pelo escracho, o deboche, a ironia, a invectiva e até mesmo o ataque pessoal, tão caracteristicamente nacionais. Nelson misturou tempos em mitos, como em *Senhora dos afogados*, onde se fundem citações de Shakespeare com o mito grego de Narciso e o nacional de Moema, nome de uma das personagens da peça e da índia que, apaixonada por Diogo de Albuquerque, o Caramuru, nada atrás de seu navio até se afogar, imortalizada no poema de Santa Rita Durão, "Caramuru".

Todas as peças de Nelson Rodrigues parecem emergir de um mesmo núcleo, onde se misturam os temas da virgindade, do ciúme, do incesto, do impulso à traição, do nascimento, da morte, da insegurança em tempo de transformação, da fraqueza e da canalhice humanas, tudo situado num clima sempre farsesco, porque a paisagem é a de um tempo desprovido de grandes paixões que não sejam as da posse e da ascensão social e em que a busca de todos é, de certa forma, a venalidade ou o preço de todos os sentimentos.

Nesse quadro, vale ressaltar o papel primordial que Nelson atribui às mulheres e sua força, numa sociedade de tradição patriarcal e patrícia como a nossa. Pode-se dizer que em grande parte a "tragédia nacional" que Nelson Rodrigues desenha está contida no destino de suas mulheres, sempre à beira de uma grande transformação redentora, mas sempre retidas ou contidas em seu salto e condenadas a viver a impossibilidade.

Em seu teatro, Nelson Rodrigues temperou o exercício do realismo cru com o da fantasia desabrida, num resultado sempre provocante. Valorizou, ao mesmo tempo, o coloquial da linguagem e a liberdade da imaginação cênica. Enfrentou seus infernos particulares: tendo apoiado o regime de 1964, viu-se na contingência de depois lutar pela libertação de seu filho, feito prisioneiro político. A tudo enfrentou com a coragem e a resignação dos grandes criadores.

# CRÉDITOS DAS IMAGENS

Páginas 6 e 7: Maria Esmeralda (*Dália*), Francisco Cuoco (*Werneck*) e Fernanda Montenegro (*Selminha*) em *O beijo no asfalto*. Teatro Ginástico, Rio de Janeiro, 1961. (Acervo Cedoc/Funarte)

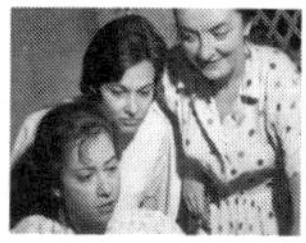

Página 14: Na estreia de *O beijo no asfalto*, Fernanda Montenegro (*Selminha*) contracena com Maria Esmeralda (*Dália*) e Zilka Salaberry (*D. Matilde*). Direção de Fernando Torres. Cenários de Gianni Ratto. Teatro Ginástico, Rio de Janeiro, 1961. (Acervo Cedoc/Funarte)

Página 52: Oswaldo Loureiro (*Arandir*) e Fernanda Montenegro (*Selminha*) em *O beijo no asfalto*. Teatro Ginástico, Rio de Janeiro, 1961. (Acervo Cedoc/Funarte)

Páginas 90 e 140: Da esquerda para a direita: Sérgio Britto (*repórter Amado Ribeiro*), Cláudio Correa e Castro (*investigador Aruba*), Fernanda Montenegro (*Selminha*) e Ítalo Rossi (*delegado Cunha*) em grande momento dramático de *O beijo no asfalto*. Teatro Ginástico, Rio de Janeiro, 1961. (Acervo Cedoc/Funarte)

Páginas 158 e 159: Da esquerda para direita: Ítalo Rossi (*delegado Cunha*), Cláudio Correa e Castro (*investigador Aruba*) e Sérgio Britto (*repórter Amado Ribeiro*). *O beijo no asfalto*, Teatro Maison de France, Rio de Janeiro, 1962. (Acervo Cedoc/Funarte)

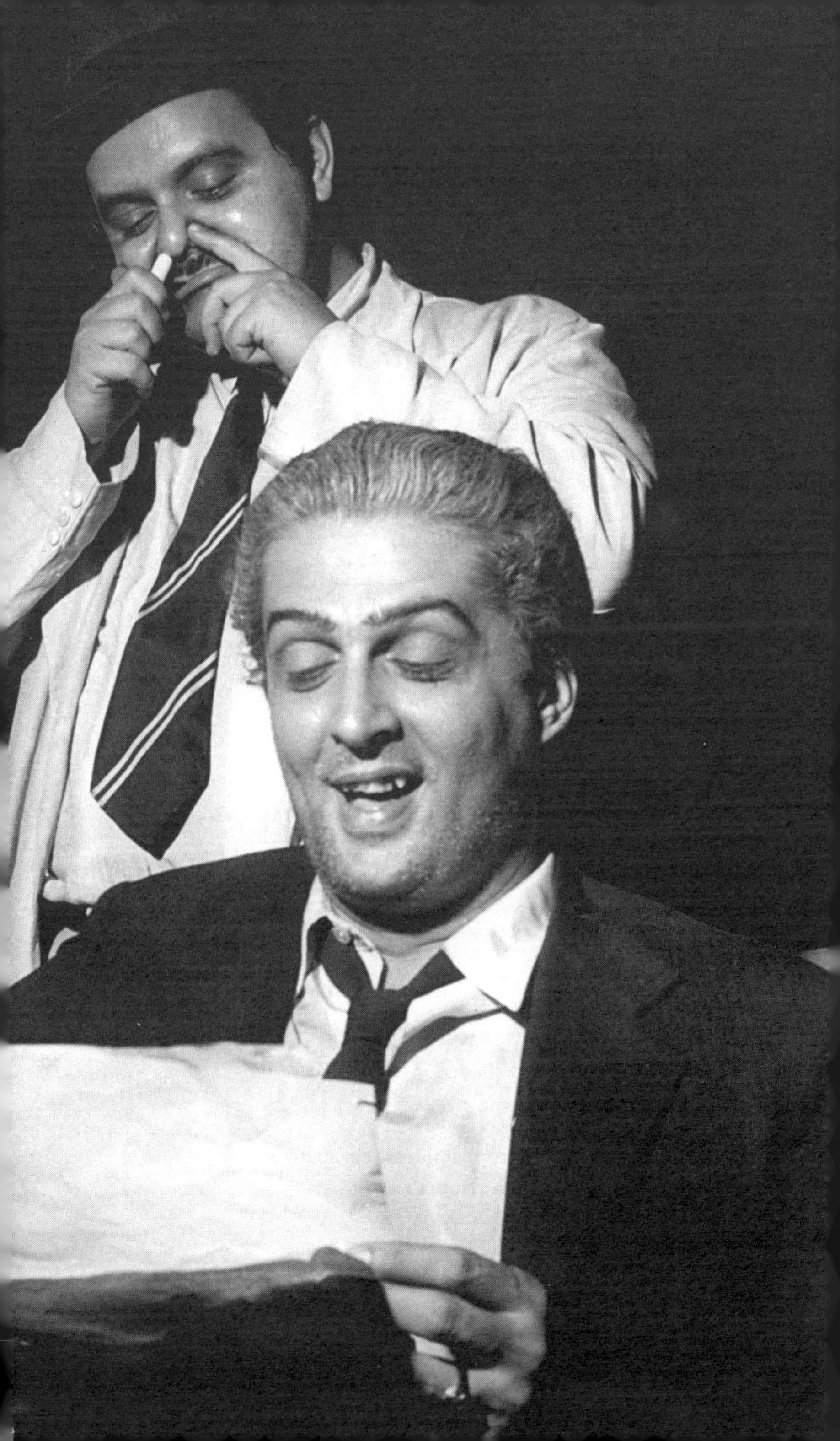

Direção editorial
*Daniele Cajueiro*

Editora responsável
*Janaína Senna*

Produção editorial
*Adriana Torres*
*Carolina Rodrigues*

Revisão
*Thais Entriel*

Capa, projeto gráfico de miolo e diagramação
*Sérgio Campante*

Este livro foi impresso em 2020
para a Nova Fronteira.